JN438544

이제는

나를 위해 살기로 했다

# 이제는
# 나를 위해 살기로 했다

최은우 수필집

신아출판사

# 작가의 말

언제부터인가 끄적이기 시작하다 보니 하나둘 글이 되었습니다. 꼭 작가가 되고 싶은 마음이라기보다 부담 가지지 않고 그저 쓰고 싶을 때 하나씩 써보리라 다짐했습니다.

그러다 보니 게으름을 피우게 되고 글을 쓰기 시작한 지도 어느새 수년이 되어가지만, 지지부진하여 글솜씨는 늘지 않는 것 같았습니다. 그래도 세월이 약이라고 꽤 많은 글을 모았지만, 이제는 정작 부끄러워 책으로 엮어 세상에 내놓지 못하고 차곡차곡 쌓아 놓기만 하고 망설이고 있었습니다.

코로나19로 집에 있는 날이 많아지면서 어느새 1년을 지나 또 반년이 지나가고 있습니다. 답답하고 의욕을 잃어가던 어느 날, 갑자기 내 작품들은 얼마나 답답해할까. 잘났든 못났든 세상에 나오고 싶을 거란 생각이 들었습니다.

좀 더 유쾌하고 감동을 줄 수 있는 꽉 여문 책을 내고 싶어 차일피일 미루었습니다. 구수하게 숙성된 책을 내고 싶었지만, 시간은 빨리 지나갔고 글은 세월의 흔적에 빛이 바래고 있었습니다. 만족이란 영원히 없을 것 같아 더는 미루지 않고 책을 내기로 했습니다. 아직도 자신은 없지만, 실전에 나아갈수록 여물어지리라 믿고 어설픈 글을 과감히 세상 밖으로 내놓습니다. 숙성의 시간이 필요하듯 세상에 내놓은 책에 대한 책임감으로 앞으로 더욱 열심히 정진하리라 다짐합니다.

글을 쓰면서 그동안 잊고 있었던 추억을 꺼내어볼 수 있었고, 나 자신을 돌아다볼 수 있는 좋은 시간이 되었습니다. 더불어 주위를 좀 더 따뜻한 시선으로 보게 되었고, 마음의 평안을 얻었습니다.

수필을 지도해주시고 책을 빨리 내라며 격려해주시던 고 김학 교수님께 애석하게도 책을 보여주지 못함이 못내 죄스럽습니다.

수업이 끝나면 식사도 같이하고, 문학기행도 함께 하면서 저의 문학을 꽃피우게 해준 문우님들에게 감사드립니다.

글을 쓸 수 있도록 지지해준 남편과 우리 엄마 최고라며 치켜세워주는 딸들과 아들에게 정말 고맙고, 사랑한다고 전하고 싶습니다.

2021년 여름 최 은 우

차례

## 제 1 부

## 이제는 나를 위해 살기로 했다

## 제 2 부

# 〈문학기행〉 토지의 산실 원주 박경리문학공원

# 제 3 부

## 여행은 지친 삶의 재충전이다

# 제 4 부

## 10월의 마지막 밤

## 제 5 부

# 내가 간 뒤 한 시간만 있다 오너라

# 제 1 부

# 이제는 나를 위해 살기로 했다

# 인연

> 사람은 나면서부터 제 짝이 있으니 사람의 힘으로는 어쩔 수 없다.
>
> 인연이란 짝을 만나면 서로 끌려 허락하는 것이니,
>
> 뭇 짐승들 역시 마찬가지이다.

이는 부처님 말씀이다.

내 나이 26세 때의 일이다. 우리 옆집에 살다가 전주 시내로 이사를 나왔던 아주머니가 엄마를 통해 맞선 자리를 주선했다. 맞선남은 서울에서 공무원으로 근무하고 있었고 부모님은 전주에 살고 계셨다. 나는 당시에는 결혼할 생각이 없어서 정식 선 자리에 나가지 않으려고 했지만, 엄마의 강권에 의해 1979년 6월 첫째 주말에 선을 보게 되었다.

6월 둘째 주말에는 직장의 동료가 주선해서 창원에서 회사에 다니는 사람과 소개팅을 했다. 소개팅은 당사자들만 보는 거라 결혼에 대한 부담도 적어 가볍게 만났다. 셋째 주말에는 친구가 소개하여 서울에서 증권회사에 다니는 사람을 만났다. 6월에만 세 번을 연이어 선을 보고 소개팅을 한 것이다.

그동안 한 번도 선을 보거나 소개팅으로 만나 본 사람이 없었는데 이상하게도 한꺼번에 기회가 왔다. 아마 내가 결혼적령기가 되어서 그랬나 보다. 그리고 나이가 나이인 만큼 한창때여서 더 예뻐 보였는지도 모르겠다. 서로 소개해주려고 했으니 말이다. '서로 양립되면 될 것도 안 된다'라는 말이 있어서 겹쳐서 보지 않으려고 했는데 모두 강력하게 추천하는 바람에 연이어 보게 되었다.

첫 번째 맞선남의 아버지는 내게 전화를 하셔서

"요즘 내 아들이 너무 바빠서 못 내려오고 아마 다음 주말에는 올 수 있을 것이오."

라며 안부를 전해왔지만, 나는 당장 결혼 생각이 없었고, 부담되어서 별로 기대하지 않았다. 그러나 정작 본인은 전화도 하지 않는데 그의 아버지가 전화를 하시고 또 만나자고 하시면서 내가 근무하는 직장 근처까지 오셔서 만나기도 했다. 이야기 도중 그분은 내게 고등학교 때의 학적사항을 적어주라며 종이와 펜을 내놓으셨다. 나의 학교생활을 알아보시려는 것이란다. 난 기분이 썩 좋지 않았다.

"죄송합니다. 알아보시고 싶으시면 제 이름만 대면 알아보실 수 있을 것입니다."

나는 솔직하게 말하고 종이와 펜을 도로 밀었다. 그분은 기분이 나빴다면 미안하다며 나의 필체를 보고 싶어서 그랬노라고 하셨다. 난 집에 돌아와 엄마에게 이런 사실을 이야기하며 이렇게 말했다.

"그분은 나의 당돌한 행동에 아마 당황하셨을 것이고, 나도 아직 결혼할 의사가 없으니 이번에는 인연이 아니니까 기대하지 마세요"

6월 넷째 주말에 세 사람이 동시에 전주에 내려온다고 했다. 난 누구를 만나야 할지 아직 결정도 하지 않았는데 이게 웬일이란 말인가? 왜 하필 똑같은 날일까? 나는 바쁘다고 핑계를 댔지만, 어차피 고향에 내려가니 시간 나는 대로 잠깐만이라도 만나자고 했다. 이건 정말 실타래가 꼬이듯 난감했다.

나는 일단 먼저 연락이 오는 사람과 만나야겠다고 생각하고 있었다. 첫 번째 선을 본 사람에게서 토요일 오전에 직장으로 연락이 왔다. 오후 7시 30분쯤 도착하니 고속버스터미널로 나와 달라고 했다. 나는 상황 봐서 나가겠으나 기다리지는 말라고 했다. 아무튼, 먼저 도착하는 사람을 만나려고 기다렸는데 7시가 다 되어도 다른 사람에게서는 연락이 없었다. 내 마음과 몸은 이미 고속버스터미널로 향했다.

고속버스터미널에서 만나 저녁을 먹고, 이야기 나누면서 걷기도 하고, 다방에 앉아 차도 마시며 데이트를 했다. 헤어지면서 그는 다음날 광주 군부대에 있는 친구를 면회 가는데 같이 가자고 했다. 오전 9시 30분 고속버스를 예매해 놓았으니 다시 터미널에서 만나자며 올 때까지 기다리겠다고 했다.

다음날, 둘째 주말에 소개팅으로 만난 사람이 오전 8시경에 도착한다고 연락이 왔다. 토요일에 창원에서 출발했으나 너무 늦어 대전에서 하루 머물고 오느라 일요일 아침에 전주에 도착한 것이다. 집 근처 식당에서 아침을 같이 먹고 있는데 이상하게도 내 마음은 자꾸 터미널로 향하고 있었다. 식사를 마치고 버스 출발시간 안에 도착하기는 좀 힘들 것 같았으나 나는 소개팅 남에게 일이 있다는 핑계를 대고 무작정 택시를 타고 고속버스터미널로 갔다.

그는 막 떠나려는 버스를 붙잡고 일행이 곧 올 것이라며 사정하고 있었다. 다행히 버스는 조금 지체해주어 나를 태우고 출발했다. 우리는 그의 친구를 만나 무등산 계곡에서 즐거운 시간을 보냈고, 종일 그와 같이 있느라 셋째 주말에 소개팅으로 만난 증권사 직원은 연락이 닿지 않아 결국 만나지도 못했다.

정식으로 선을 봐서 그런지 아니면 인연이라서 그런지 제대로 사귀지도 못했는데 우리의 결혼은 빠른 속도로 진행되었다. 이미 지인들을 통해 나에 대해서 알아볼 것 다 알아보신 그의 아버님은 내가 당돌하게 굴었는데도 오히려 나의 그런 모습을 똑똑하다고 생각하셨나 보다.

서로에 대해 호감을 느낀 상태에서 양가 부모의 적극적인 추진으로 우리의 약혼식과 결혼식은 일사천리로 진행되었다. 소개팅으로 만난 증권사 직원은 내가 이미 약혼식을 하고 난 뒤에야 꼭 한 번만이라도 다시 만나보고 싶다고 연락이 왔지만, 나는 약혼 사실을 말하고 미안하다고 했다.

인연이어서 끌렸을까? 몇천 겁의 인연으로 부부가 된다지만, 사이좋은 부부가 되는 길이 쉽지만은 않기에 누군가 부부는 전생의 악연으로 만난다고 했다. 그렇다면 부부는 전생에서 지은 죄를 이생에서 서로 갚아가며 사는 인연일까? 서로 이해하고 화해가 되면 사이좋은 부부로 살 것이고, 이해하지 못하고 화해가 되지 않으면 악연이 풀리지 않은 채 서로 빚을 더 안고 살아가게 되리라. 어찌하든 세상의 수많은 사람 중에 부부로 만난 것은 정말 대단한 인연이다.

이 인연을 악연이 아닌 좋은 인연으로 만드는 몫은 그들 부부에게 달려 있는 게 아닐까?

# 우리집 풍경

아침 6시, 나는 포근한 잠자리에서 눈을 뜬다. 손과 발을 쭉 뻗어 스트레칭을 시작으로 30분 정도 요가동작으로 내 육체를 이완시킨다. 그리고 일어나 주의 기도를 시작으로 아침기도를 드린다.

부엌으로 가서 정수기의 물을 따라 시원한 냉수 한 컵 들이킨다. 이때쯤이면 남편이 미리 일어나 밥을 안쳐 놓은 전기압력밥솥에서 지지지~ 밥 짓는 소리가 들린다. 찌갯거리를 준비하여 불 위에 올려놓고 가족의 건강을 위해 아침주스를 만들기 시작한다. 오디 두 줌, 사과 반쪽, 배 반쪽, 바나나 하나, 요구르트 1개, 견과류 조금, 우유 적당량을 믹서에 넣어 간다. 식사 전에 식구들이 한 컵씩 마신다. 딸 셋은 다 서울에서 생활하여 이 맛있는 아침주스를 같이 마시지 못해 안타깝다. 나는 서둘러 반찬을 만들고 식사준비에 바쁘다.

몇 달 전부터 독서동아리에 들어가 책 읽는 재미에 푹 빠진 남편은 나보다 먼저 새벽 5시쯤 일어나 독서를 시작한다. 읽다가 내용이 맘에 들면 다른 가족들에게도 권하지만, 각자 바쁘고 서로 관심사가 다른 가족들은 별 반응이 없다. 독서를 하다가 6시 30분쯤 부엌으로 가서 전기압력밥솥에 밥을 안치고 다시 방으로 들어가 인터넷 뉴스를 보고 이메일과 SNS를 하며 아침을 연다.

고등학교에 다니는 아들은 7시경에 일어난다. 곧장 부엌으로 와서 식사 준비하고 있는 엄마를 뒤에서 안으며 아침인사를 하고 아침주스를 한 잔 마신다. 그리고 바로 몸을 씻은 다음 아침을 먹고 등교준비를 한다. 내가 설거지를 하고 출근준비를 하는 동안 남편은 아들을 차에 태워 학교에 데려다주고 와서 또다시 나를 태워 출근시키고 남편의 일터로 향한다.

각자 일을 마치고 저녁 6시에 퇴근하는 나를 데리러 온 남편과 같이 집에 와서 저녁식사를 마친 뒤 밀린 가사를 챙기고 TV 뉴스를 본다. 요즈음의 나는 저녁을 먹고 난 후에 화, 목요일에는 평생교육원에 가서 강의를 듣고 집에 돌아와 몸을 씻고 나면 거의 10시가 된다. 내가 수업이 없는 날이거나 남편이 집에 있는 날이면 각자 책을 읽거나 드라마를 보면서 시간을 보내다 보면 10시쯤 학교에서 야간자율학습까지 마친 아들이 돌아온다. 다 같이 소파에 앉아 약간의 과일과 간식을 먹으며 잠깐의 대화를 나누고 취침, 공부, TV 시청 등 각자의 일상으로 돌아간다. 그리고 서울에 있는 딸들과의 통화도 늦은 저녁시간의 우리 집

풍경이다.

아들은 고등학교 3학년이면서도 휴일이면 엄마 힘들다고 청소당번을 자청한다. 물걸레 겸용 청소기로 스르륵 스르륵 참 기특하다. 올해는 딸들도 제대로 도와줄 기회가 없었던 김장김치 담그기를 남편과 아들 그리고 나 셋이서 같이 했다. 아들이 늦둥이라서 서로가 더 애틋하다. 엄마가 내 젊은 기를 나누어 가져서 자기는 또래보다 더 나이가 들어 보인다고 웃으며 말하는 아들과 나는 수시로 다정하게 포옹하고 뽀뽀를 하면서 서로 사랑한다고 말해준다. 남들이 나 보고 나이보다 훨씬 젊어 보인다고 말하면 나는 다 늦둥이 아들에게 공을 돌린다.

젊었을 때 나는 네 명의 자녀를 키우랴, 직장에 다니랴, 가사에 치여 혼자서 바쁘게 이리 뛰고 저리 뛰며 동동거렸다. 남편은 보수적이면서 또 사람들과 어울리기를 좋아해서 집안일을 도와줄 시간이 없었을 뿐 아니라 도와주는 방법을 몰랐다. 그때는 그래도 내가 젊어서 그렇게 힘들게 느끼지 않았고 아이들이 예쁘고 사랑스럽게 커 나가는 과정에서 나에게 주는 재미에 힘든 줄 몰랐다.

남편이 사업을 접고 시간이 많아지고 또 나이가 들어가면서 이제는 제법 가사 일을 잘 돕는다. 아침에 일찍 일어나 아침잠이 많은 나를 대신해서 밥을 안치고 세탁기도 곧잘 돌리고 빨래도 널고 개켜주기도 한다. 잡다한 생활쓰레기를 버려주는 일도 남편 담당이다. 아직은 반찬을 만들고 청소하는 것은 미숙하여 도움을 못 받지만 가끔은 나의 부재 시 있는 반찬 챙겨서 아들과 함께 식사하는 것도 나에게는 정말 고마운 일이다.

요즈음은 딸 셋이 서울로 상경하여 우리 곁을 떠나 집에 없으니 그만큼 살림하는 재미도 줄고 내 몸도 가볍지 않아 만사가 귀찮을 때가 잦다. 이러다가 우울증이나 치매에 걸릴지도 모른다는 생각에 일부러 모임에도 나가 사람들과 어울리려 노력하고 나 자신의 발전을 위해 바쁘게 움직이며 평생교육에도 동참하고 있다.

# 2014년 우리집 10대 뉴스

12월 15일, 한 장 남은 달력도 어느새 중반을 달려가고 있다. 이맘때면 사람들은 올 한해 10대 뉴스는 무엇일까에 관심이 많다. 정치, 문화, 사회, 종교 등 각각 우리가 속해 있는 집단, 또는 관심을 가지는 분야에 대해 무엇이 올해의 주요 이슈가 되었을까, 우리는 어떻게 살았을까, 앞으로는 어떻게 살아야 할까? 한해를 돌아보며 생각하는 시간을 가진다.

2014년에는 대한민국을 송두리째 뒤흔든 초대형 사고인 세월호 참사가 있었다. 안산 단원고 학생 325명을 포함해 476명의 승객을 태우고 인천에서 출발하여 제주도로 향하던 세월호가 전남 진도군 앞바다에서 어이없게 침몰했다. 승객을 버리고 탈출한 선원, 허둥댄 정부, 초동

대처 실패, 뒤늦은 구조 작업, 진도 해상관제센터의 허술, 골든타임 허비, 무리한 화물적재와 증축 등의 원인으로 승객 300여 명이 사망하고 실종되어 진도 앞바다는 대한민국을 집어삼킨 블랙홀이 되었다.

프란치스코 교황은 아시아 첫 방문지로 한국을 선택했다. 참사의 아픔 속에서도 프란치스코 교황의 방한은 우리 사회에 한 줄기 빛이었다. 4박 5일간의 방한기간 동안 세월호 참사 유족과 장애인, 새터민, 이주노동자 등 소외되고 상처 입은 사람들을 만나 위로를 주며 낮은 자세로 임하는 모습은 우리 사회에 큰 위안과 울림을 줬다.

전국동시지방선거가 진행된 '6 · 4지방선거'는 광역단체장, 기초단체장, 광역의원, 기초의원, 교육감 등 17개 광역단체장과 시장·군수·구청장 등 기초단체장, 광역 및 기초의원 등 총 3,952명을 동시에 선출했다. 이번 선거에서 사전투표가 처음으로 도입되었다.

박근혜 대통령의 '비선실세'로 거론된 정윤회 씨의 국정개입 의혹 및 문건유출 논란은 정부의 기밀문서 유출과 함께 비선라인의 '국정농단' 의혹, 나아가 대통령 측근들의 '권력암투설'로 확산하여 연말 정국에 파문이 일었다. 군은 폭행 사망 사건과 총기난사, 방산비리, 사단장의 여군부하 성추행 등으로 휘청거렸다.

IT강대국인 대한민국에서 경찰과 검찰·국정원 등은 카카오톡은 물론, 내비게이션과 게임 심지어는 병원 진찰기록과 요양급여 내용까지 무차별로 개인정보를 들여다보고 이를 수사 자료로 삼아왔음이 드러났다. 새로운 진보적 이념을 내세우던 통합진보당을 정부는 '진보적 민주주의'가 북한의 이념을 추종한 것으로 판단하여 대한민국 헌정사상 처음으로 헌법재판소 결정으로 통진당을 해산시켰다.

대한항공 '땅콩회항' 파문이 국내외에 큰 화제를 불러왔다. 재벌가의 슈퍼 갑질 논란에다 항공법 위반, 증거인멸 혐의 등으로 조현아 전 부사장이 구치소에서 갇혔다. 이 사건으로 재계의 폐쇄적인 경영과 직원들의 인권 문제가 대두되었고, 재벌가 2~3세들의 자질과 경영능력이 도마 위에 올랐다.

월드컵 축구국가대표팀의 예선탈락과 소치 동계올림픽에서의 김연아 판정논란, 아시안게임 중 북한실세 3인방의 기습방문이 있었다. 영화 '명량'이 1천 700만 관객을 동원하며 왕의 지도력 부재에도 자신을 희생하여 백성을 구하는 이야기로 이순신 증후군을 일으켰고, '변호인'은 "대한민국 주권은 국민에게 있고 모든 권력은 국민으로부터 나온다. 국가란 국민입니다"란 명대사로 우리의 가슴을 울렸다.

과연 우리 가족은 일 년을 어떻게 지냈을까, 우리 집에는 어떤 일이 있었나? 올해를 돌아보고 거울삼아 내년은 더욱더 알차게 보내자.

정년퇴직 나는 1977년에 간호전문대학을 졸업하고 바로 전북대학교병원에 입사하여 4년 4개월을 근무했다. 결혼하여 딸 둘을 낳고 현모양처를 꿈꾸며 병원을 퇴직하여 1년을 아이들 키우며 가정주부로 살았다.

그러다가 우연히 만난 선배의 권유로 김제군보건소에서 다시 직장생활을 시작하여 5년 7개월을 근무했다. 1988년부터 전북대학교 보건진료소로 옮겨 26년 7개월을 근무하였고 올 12월 말에 정년퇴직하게 되었다.

아이 넷을 키우면서 36년여 동안 직장생활을 하면서 우여곡절도 많았지만, 그래도 무사히 정년퇴직까지 할 수 있게 나를 지지해준 가족과 동료, 주위 사람들 모두에게 감사의 마음을 전한다. 그리고 나 자신에게도 잘 참고 잘했다고 칭찬해 주고 싶다.

남편 어깨 부상 사업에서 은퇴하고 남편은 본격적으로 농사에 뛰어들었다. 잘할 수 있을까, 체력이 될까, 얼마나 하다 손들까? 우려했었다. 위로 누나가 넷이나 되는 유복한 집에서 근심 걱정을 모르고 곱게 살아온 남편이었다. 하지만 벌써 5년이나 힘든 농사에 열정을 가지고 정직하게 일한다.

비록 소농이라 농기계도 없고 농사실력도 없어서 아직 만족할 만한 성과는 아니지만, 덕분에 오디도 실컷 먹고 마늘, 콩, 양파 등이 넘쳐나서 지인들에게 인심을 쓰기도 한다. 그런데 올해 여름 마늘을 거두어들이다가 무리가 되었나 보다. 몇 달이 지났는데도 어깨통증이 가시지 않아 고생하고 있다. 아무 이상 없이 빨리 나을을 수 있기를 기원한다.

늦둥이 아들 대입과 의경 입대 딸 셋을 낳고 내 나이 마흔둘에 늦둥이 아들을 낳았다. 그 귀한 아들이 어느새 대학에 입학하여, 한

학기를 마치고 군에 입대했다. 12월 4일 아들이 입대하던 날 논산훈련소에 가까이 갈수록 눈은 더 거세게 내렸다. 그동안 따뜻했던 날씨가 아들이 입대한 날부터 추운 날씨가 이어지고, 눈이 자주 오고 있다. 또한 올해는 유난히 군대에서 불미스러운 사건들이 이슈가 되기도 했었기에 걱정이 된다. 하지만, 아들 혼자만 군에 입대하는 것이 아니라 대한민국 모든 남자가 거쳐 가야 하는 의무다. 그러기에 힘들겠지만 지나고 보면 소중한 추억이 되고 값진 경험이 될 것이라 믿는다.

첫째 딸 이직 퇴근시간이 몇 시인지 정확히 알 수 없는 법무법인에서 3년여 동안 일에 묻혀 살던 큰딸은 올 8월에 사내변호사로 이직했다. 직접 재판에 참여하지 않고, 의뢰인들에게 직접 시달리지 않고, 사내 법률자문을 주로 하고 있어서 스트레스가 좀 덜한 것 같아 다행이다. 그리고 제시간에 퇴근할 기회가 많아서 좋다고 한다.

그동안 일에 묻혀 즐기지 못하고 사는 것 같아 마음이 쓰였는데 이제는 좋아하는 책도 많이 읽고, 건강을 위해 운동도 하고, 여행도 많이 하면서 지냈으면 좋겠다. 그리고 좋은 짝을 만나 데이트도 하고 제대로 즐기면서 살았으면 하는 바람이다.

둘째 딸 대학원에 복학 석사를 마치고 연구원으로 직장을 다니던 둘째 딸은 박사과정에 도전했다. 박사과정 중에 결혼하게 되었고 허니문 베이비로 계획에 없던 임신이 되었다. 입덧이 심하고 몸이 좋지 않아 휴학했고 또 아이를 낳고 기르느라 연속 2년을 휴학했다. 그리고 올해 아이를 어린이집에 보내고 시어머니의 도움을 받아 다시 복학했다. 공과대학이라 온종일 학교에서 연구에 매달려야 한다. 집안 살림하랴, 아이 키우랴, 학업 공부하랴, 과제 연구하랴, 무척 바쁜 생활이지만 올 한 해를 꿋꿋하게 잘 견뎌주어 고맙다.

셋째 딸 가정교사 임용고시에 도전 의류학을 공부했던 셋째 딸은 2년여를 의류 계통의 회사에 다니다 항공회사로 이직했었다. 항공회사에 다니는 동안 대학원 석사과정에 입학하여 주경야독으로 가정교육학 석사과정을 마쳤다. 그리고 기간제교사를 하면서 12월 6일 가정교사 임용고시에 응시했다. 꼭 합격해서 훌륭한 선생님으로 거듭났으면 하는 바람이다.

둘째 사위 이직 둘째 사위가 전에 근무했던 직장보다 더 좋은 조건으로 몸값을 높여 이직했다. 사위는 높아진 월급도 좋지만, 오히려 전에 있던 직장보다 분위기가 좋고 퇴근 시간도 더 빨라졌다고 좋아한다. 그동안 사위는 연구과제를 맡으면 퇴근 시간이 늦어지고 휴일도 없이 일하는 일이 허다했다. 그래서 딸은 아이 키우는 게 너무 힘든데 남편이 시간이 없어 도와주지 못한다고 불평하더니만 다행이다. 딸은 남편과 아이와 함께 휴일에 놀러 다닐 수도 있어서 참 행복해한다.

「대한문학」에 수필 신인상 등단 정년퇴직을 앞두고 시간이 많아지면 책을 많이 읽고 글쓰기에도 도전해볼까? 하며 작년부터 전북대학교 평생교육원에서 수필창작반 강의를 들어왔었다. 언젠가는 자연스럽게 글을 쓰게 되는 날이 올 거라 믿으며 느긋한 마음으로 한 편, 두 편 썼다. 그리고 대한문학 가을호에 수필 신인상으로 등단하게 되었다. 마침 정년퇴직을 앞두고 새로운 일을 선물 받은 기분이다. 아직은 부끄럽고 부족한 글이지만 앞으로 더 열심히 노력해서 실력 있는 작가로 성장하리라 다짐한다.

양평 가족여행 10월 말경 정년퇴직을 앞두고 양평 블룸비스타에서 2주간 은퇴준비교육을 받았다. 가을이라 양평 가는 길에서 보이는 산들의 아름다운 단풍나무가 울긋불긋 유혹하고 있었다. 숙소에서 내려다보이는 남한강 주변의 경치가 정말 아름다워 나 혼자 보기가 미안했다. 교육이 끝나는 마지막 날 가족들을 양평으로 오라고 했다.

큰딸이 콘도를 예약하고 2박 3일의 가족여행을 했다. 수령 1,100년 이상의 용문산 용문사 입구에 있는 은행나무의 크기와 넓이에 놀라고 그 많은 세월의 시련을 꿋꿋이 이겨내고 견디어 냈음에 숙연했다. 남한강과 북한강이 만나는 두물머리의 매혹적이 풍경은 강변과 주변에 있는 산의 단풍이 어우러져 가족들의 마음을 사로잡았다. 그리고 다산 정약용의 생가방문 등 모처럼 가족들과 함께 양평에서 행복한 시간을 보냈다. 은퇴교육을 계기로 갑자기 이루어진 여행은 가족들에게 정말 즐거운 추억을 선사했다.

신의 나라 인도여행, 하늘과 바다가 사랑한 섬, 제주도 여행 올해에는 마치 보상이라도 받듯 그동안 못 다닌 여행을 많이 다녔다. 2월에 여고 동창생 18명이 9일 동안 인도를 다녀왔고, 10월에는 대학교 친구 4명이 8일간 제주도에 다녀왔다. 그리고 3일간 가족들과 양평여행도 다녀왔다.

여행은 삶의 보너스다. 여행을 다니면서 생활 속의 걱정을 잊어버리고 즐기게 되었다. 새로운 곳의 관광으로 활력을 얻었고 여유 있게 다니면서 명상도 하며 스트레스와 피로를 풀었다. 또 같이 어울려 수다를 떨며 정을 나누었다. 다시 힘을 얻어 일상에 돌아오면 한동안은 그 즐거운 추억으로 행복한 생활을 할 수 있었다. 앞으로도 자주 여행을 하며 즐겁게 살도록 건강관리를 잘해야겠다.

한해가 또 지나간다는 건 아쉽다. 별로 한 일도 없이 일 년이 휙 지나가 버린 것 같기도 하고, 자세히 들여다보면 또 참 많은 일이 주마등처럼 스친다. 살다 보면 어찌 훈훈한 이야기만 들려오겠느냐마는 올해에는 세월호 침몰사건과 군대 내 폭행사건 등 우리 가슴을 먹먹하게 하는 사건들이 있었다.

한편으로는 '프란치스코 효과'라는 말이 생길 정도로 가톨릭 교인뿐만 아니라 일반인들에게까지 대중적인 인기와 영향력을 지녔던 프란치스코 교황의 방한 같은 따뜻한 뉴스도 있어서 다행이었다.

2014년 우리집은 그런대로 평온한 한 해였다고 생각한다. 우리집 올해의 10대 뉴스를 대부분 따뜻한 뉴스로 채울 수 있어서 사랑하는 우리 가족에게 고맙다는 말을 전한다.

# 명절 스트레스

이번 추석에는 휴일이 닷새나 되지만 추석 전날은 하루밖에 휴일이 없었다. 그러니 대목장 보는 날은 추석 전전날 퇴근 후가 되었다.

생선은 단골 생선가게에 미리 전화로 주문해 놓고, 한꺼번에 필요한 것을 다 사려고 가까운 슈퍼마켓으로 갔다. 채소를 둘러보는데 도라지, 미나리 등은 벌써 동이 나고 없었다. 그래서 채소는 사지 못하고 동네 채소가게로 가니 거기도 역시 도라지는 눈에 보이지 않았고 시금치도 무척 비쌌다. 다시 부근에 있는 또 다른 슈퍼마켓에 가니 도라지가 눈에 띄었다. 우리 집 부근에 채소가게와 생선가게 그리고 슈퍼마켓이 몇 군데 있어서 참 다행이었다.

명절이나 제사 등이 돌아오면 제일 힘든 것이 집안정리와 장보기다. 명절 전날 하루밖에 쉬는 날이 없으면 이건 장보기와 청소할 시간이 너무 부족하다. 직장생활을 하면서 4남매를 거느린 주부역할을 하다 보니 집을 제대로 정리하지 못하고 산다. 그러다가 집안행사가 돌아오면 신발장과 베란다, 부엌살림 등 집안 정리가 제1순위가 된다.

9남매의 큰며느리라서 설과 추석명절 그리고 시부모님의 제삿날 등 1년에 서너 번은 집안행사를 치러야 한다. 친척이 많아서 정말 큰 행사다. 시부모님께서 살아계실 때는 4남 5녀의 자손들 50여 명과 먼 친척들까지 접대해야 했다. 특히 설날에는 세배손님들을 맞느라 명절휴가 내내 친정에 갈 엄두조차 내지 못했었다. 지금은 두 분 다 돌아가시고 자손이 76명으로 늘었지만, 그래도 제사 외에는 손님이 절반으로 줄어들어 일손은 좀 줄었다.

언젠가 뉴스에서 막내며느리가 명절스트레스를 제일 많이 받는다고 했다. 과연 그럴까? 어느 집이나 손님이 불쑥 찾아오면 항상 가지런히 정리되어 있는 집이 얼마나 있을까? 명절 때면 한꺼번에 많은 손님이 찾아와서 또 동서들과 함께 음식을 만드는 과정에서 베란다며 주방이며 구석구석 친척들에게 내 생활공간을 드러내 보이게 게 정말 스트레스다. 내가 큰며느리가 아니라면 가볍게 가서 평소 찾아뵙지 못한 친척들과 인사도 하고 일손 좀 도와주면서 동서들끼리 정담도 나누고 부담이 덜할 것 같다. 그러나 큰며느리인 나는 대청소, 장보기, 마늘양념 찧어놓기, 송편에 넣을 참깨 볶기, 파 썰어놓기 등 음식을 장만할 때 필요한 양념들을 미리 준비해야 한다.

그래도 요즘은 시어머님 살아계실 때에 비하면 일이 많이 줄었다. 예전에는 직접 집에서 김치 담그기, 떡 만들기, 갈비 손질하여 양념하기, 식혜 만들기, 수정과 만들기 등 일이 많아 며칠 전부터 준비하고 전날은 새벽부터 자정이 돼서야 일이 끝나곤 했었다. 그런데 지금은 갈비도 손질된 것으로 사고, 떡도 주문하면 된다.

우리는 4형제가 다 전주에 사니 명절이면 동서들이 우리집에 와서 같이 음식을 장만한다. 될 수 있으면 부담을 덜 주려고 내가 할 수 있는 일이면 미리미리 준비해 놓는다. 나는 동서들에게 각자가 할 수 있는 차례 음식 한 가지씩 자기집에서 만들어 가지고 오기로 하고, 명절 당일날 만나는 방법을 이야기해보았지만, 동서들은 만나서 수다도 떨고 좋으니 우리집에서 다 같이 모여서 하자고 하여 명절 전날 2시에 만나기로 했다.

나는 새벽부터 일어나 생선과 꼬막 등을 손질하면서 일을 하고 있다가 동서들이 모이면 먼저 간단하게 다과시간을 갖는다. 그런 다음 다 같이 시금치와 미나리 등 채소를 다듬고 씻는다. 그리고 나면 셋째 동서와 막내는 전을 부치기 시작하고, 둘째 동서는 나물을 무치고, 나는 미리 준비해놓은 송편을 찌고 생선을 익힌다.

시어머니가 돌아가시고 어언 15년이 흘러 우리는 각자 맡은 일을 척척하다 보면 어느새 저녁이다. 저녁 식사는 시간 되는 형제, 조카들이 모여 다 같이 먹는다. 그리고 추석날 아침 8시에 만나 차례를 지내기로 약속하고 헤어진다. 4형제 모두 전주에서 사니 밤에 아무리 늦어도 자기 집으로 가서 자고 이튿날 다시 모이면 되니까 참 다행이다. 그렇지 않으면 이불 준비까지 내가 할 일이 더 늘어날 수밖에 없을 것이다.

추석날 아침 8시에 차례를 지낸 뒤 아침을 먹고 진안으로 성묘하러 가는데 도로가 몰려드는 차들로 막힌다. 오랜만에 산에 오르는데 날씨가 더워 약간의 경사가 힘겨울 즈음 부모님 산소가 나타났다. 산소에서 내려다보면 산과 개울, 마을과 도로가 보인다. 산소가 양지라서 참 포근하다. 성묘를 마치고 다시 증조, 고조부님들이 잠드신 고창으로 향했다.

고속도로도 역시 마찬가지로 정체가 심했다. 정읍휴게소에 들려 산소에서 가지고 온 음식으로 간단하게 점심을 먹고 고창에 도착하니 어느새 오후 3시가 넘었다. 고창에서는 서울에서 내려온 사촌 형제들과 조카들이 합류하여 다시 20여 명의 대가족 성묘행렬이 이어졌다. 선운사 부근 고조부 산소 근처에는 아름다운 상사화가 지천으로 피어있다. 상사화 꽃잎을 들여다보면 어쩜 이리도 예쁠까?

여러 산소에 들러 성묘를 다니다 보니 벌써 저녁 시간이다. 전주에서 출발할 때부터 고창의 풍천장어를 먹으려는 아이들의 기대는 무너지고 한방백숙으로 먹는데 막내동서 딸들이 장어 아니면 먹지 않겠다고 하니 어쩔 수 없이 장어를 대령했다. 다시 분주한 고속도로를 타고 늦게 전주에 도착하니 늦은 시간이라 각자 자기 집으로 돌아갔다.

명절 행사가 끝나고 친척들이 다 돌아가면 나에겐 또 정리할 일이 남는다. 그릇 정리, 남은 음식정리, 어린이들이 어지럽힌 물건 정리하기 등 또 한 번의 대청소가 기다린다. 그러나 이게 끝이 아니다. 결혼한 딸과 사위, 외손녀가 서울에서 추석 다음 날 새벽에 출발하여 아침에 우리 집에 도착했다. 추석 전날 내려온 두 딸과 함께 여덟 식구 뒤치다꺼리에 쉴 틈이 없다. 친정부모 성묘 다녀오기와 영화 보기 등으로 시간을 보내고 사위와 딸들까지 다 떠나보내고 나니 어느새 명절 연휴 5일이 휙 지나갔다.

하나밖에 없는 늦둥이 아들이 이젠 제법 어른스러워졌다. 옆에서 지켜보며 엄마의 노고에 마음이 아픈지 우리 집안 행사를 좀 더 개선하는 방법을 찾아보면 좋지 않겠느냐며 아버지에게 의견을 내놓았다. 네 형제가 돌아가면서 한다든지, 아니면 추석, 설, 제사 등을 하나씩 역할 분담을 한다든지 등의 제법 합리적인 제안을 했다. 그러나 큰아들인 내 남편은 요지부동이다. 동생들 집에 가서 차례를 지낼 수는 없단다. 그러면서 나에게 임무를 하나 더 준다. 엄마가 아들을 잘 설득해서 이해시키라고 했다. 큰며느리로서 명절 전후 이렇게 힘들게 일하고 나면 일주일 이상은 몸살을 앓아야 한다. 명절 전에는 이번 명절에는 또 어떻게 준비하고 치러야 하나 스트레스도 만만찮다.

어느 해, 한 대학병원이 기혼여성 99명에게 스트레스 강도를 조사한 결과 명절 스트레스는 막내며느리가 가장 높은 것으로 나왔다. 세 며느리 각각 스트레스 저항도와 스트레스 지수, 피로도를 측정해 봤는데 육체적 피로가 가장 많이 쌓여 있는 며느리는 첫째였고, 스트레스에 가장 취약한 것은 셋째 며느리로 나타났다. 육체노동보다 정신적 스트레스가 점수에 더 나쁜 영향을 준 것 같다. 하지만 큰며느리 처지가 되어 직접 자기 집에서 한 번 행사를 주관해보면, 나도 큰며느리가 아닌 둘째나 막내 처지가 되면 좋겠다는 말이 저절로 나올 것이다.

# 사주팔자

전주에서 태어나 20여 년간 전주에서 살았던 나는 꿈 많던 처녀시절에 더 큰 도시로 가고 싶어 대학을 졸업하면 서울에서 직장을 구하고 싶었다. 그러나 엄마는 나를 서울로 보내고 싶지 않으셨다.

전주에 있는 대학병원에서 모집공고가 나자 어떻게 아셨는지 응시원서를 가지고 오셔서 시험을 보라고 은근히 강요하셨다. 내가 가고 싶었던 서울 소재 병원은 6월 모집이라 아직 시일이 많이 남아 있어 엄마가 원하신 대로 우선 시험에 응시했고, 다행인지 불행인지 합격했다. 졸업한 그해 나는 2월부터 대학병원에서 근무했고, 일단 다니면서 6월에 다시 서울에 있는 병원에 응시하리라 생각했다.

직장을 다니면서 다시 취직시험 준비를 한다는 건 쉬운 일이 아니었다. 그리고 직장생활도 적응해가는 중이어서 내 팔자가 서울에서 살 팔자는 아닌가 보다 생각하며 서울로 가는 걸 포기하게 되었다. 그러나 언젠가는 서울에서 살 수 있을 거로 생각하며 은연중에 결혼은 서울에 사는 사람과 하리라 기대했다.

직장생활 2년이 지날 무렵에 집은 전주에 있지만, 서울에서 직장을 다니는 지금의 남편과 선을 봐서 결혼했다. 그러나 시댁에서는 내가 시댁 가풍을 조금이라도 익히고 서울로 올라가라며 우리를 주말부부로 만들었다. 난 바로 임신이 되었고 입덧이 심해 먹는 족족 토하기를 반복했다. 유독 시댁에서 먹는 음식에 입덧이 더 심했다. 나는 너무 힘들어서 서울로 올려 보내주시든지 아니면 친정에 가 있으면 좋겠다고 시부모님께 말씀드렸다. 시댁에서는 어떻게 친정으로 가느냐며 서울로 올라가라고 하셨다. 그러나 내가 서울로 올라가기도 전에 남편은 나와 상의도 없이 전주 인근 도시인 이리시(지금의 익산시)로 전근을 신청해서 내려왔다. 정말 나는 서울에서 살 팔자는 아니었나 보다.

시집살이 아닌 시집살이를 2년 이상 하고나서야 직장을 그만두고 남편 직장이 있는 익산시로 분가했다.

"너는 집에 있으면 평생 병치레를 하며 누워 살 팔자란다."

친정엄마는 걱정스레 직장에 계속 다니길 원하셨지만, 나는 무슨 그런 말을 믿느냐며 웃어넘겼다. 나는 쉬고 싶었고 어린 딸을 생각하며 사표를 냈다.

60여 년 동안 사주를 본 것이 겨우 손꼽을 수 있을 정도로 몇 번 되지 않아서인지 뚜렷이 기억되는 게 있다. 여자를 대학교까지 보내지 못할 집안 형편에 고등학교 졸업 후 직업전선에 뛰어들어야 했던 나는 엄마와 함께 당사주를 보러 간 적이 있었다.

그림책을 펴놓고 사주를 봐주었는데 앞마당에 볏단이 높게 쌓여 있고 안방에서는 부모님 앞에서 큰절하는 아이 두 명이 그려져 있는 그림이었다. 그때 점쟁이의 말은 내가 나라의 녹봉을 먹고 살 팔자이고, 2세가 성공하여 자녀에게 효도 받을 사주라고 했다. 그래서 공무원시험 준비를 해볼까도 생각했지만, 일하면서 시험 준비는 힘이 들었고 나는 부모님을 설득하여 다음 해에 학비가 아주 저렴한 전주간호전문대학에 입학했다.

분가한 지 얼마 지나지 않아 남편은 개인사업을 하고 싶다며 직장을 그만두었다. 남편이 사업을 하면 수입이 보장될 수 있을지 걱정이었다. 그 무렵 집 근처에 있는 전북도청 산하 직업훈련원의 의무실에 친구가 근무하고 있었다. 친구는 강원도로 발령 난 남편을 따라가게 되었으니 그 자리에 오면 좋지 않겠느냐며 나를 추천해서 지원서를 내게 되었다. 그러나 친구는 떠나고 한참이 지났어도 아무런 연락이 오지 않아 도청 인사과로 찾아가 보았더니 이미 다른 사람으로 내정이 되었다고 했다. 난 순진하게도 이력서만 내면 될 줄 알았었다.

그날 우연히 도청에서 근무하는 대학 선배를 만났다. 선배와 이야기를 나누고 서로 전화번호를 주고받았다. 2개월쯤 지나 선배에게서 연락이 왔다. 김제군보건소에서 간호사를 구하니 이력서를 내보라고 했다. 김제까지 통근해야 한다는 것이 내키지 않아 괜찮다고 했더니 선배는 호통을 쳤다. 이리에서 김제까지 직행버스로 20분이면 된다며 빨리 지원하라고 했다. 그 당시만 해도 지원서를 낸다고 다 되는 것이 아니라는 걸 경험했고, 또 선배의 성의를 무시할 수 없어서 지원서를 냈다. 특별채용이라서 서류와 면접을 보고 바로 합격하여 당황했지만, 선배의 정성을 생각해서 예의상 6개월 이상은 다녀보자며 일단 출근했다.

김제에서 5년여를 근무하다 아이들이 초등학교에 다니게 되자 전주로 옮기고 싶어 여러 방면으로 알아보던 중 기회가 닿아 전주에 있는 직장으로 옮기게 되었다. 김제에서 다닐 때만 해도 정년퇴직까지 직장생활을 한다는 건 생각하지 못했다. 그러나 전주로 옮기고 한 해, 두 해 다니다 보니 어느새 정년까지 채울 수 있었다. 다행히 아이들은 내가 직장에 다니는 데 큰 어려움 없이 잘 자랐다.

친정엄마는 여자도 당당하게 벌어야 한다는 걸 알고 있었나 보다. 만약 내가 직장에 다시 나가지 않았다면 지금 어떻게 되었을까? 평생 병치레를 하며 누워 살았을까? 엄마 말씀대로 나는 평생 직장생활을 하며 살 팔자였다. 만약 내가 벌지 않았다면 우리 아이들이 어떻게 자랐을까 생각하면 정말 아찔하다.

지금 나는 공무원으로 36년 직장생활을 하고 정년퇴직을 한 뒤 자녀들의 효도를 받으며 연금으로 노후생활을 즐기고 있다.

오늘의 내 모습은 나의 사주팔자가 아닐까?

# 열 손가락 깨물어
# 아프지 않은 손가락이 어디 있으랴

캘리포니아대학(UC데이비스) 연구진의 발표에 의하면 부모가 자녀 중 한 명에게 유독 애정을 쏟아붓는 것은 모든 가정의 공공연한 비밀이라고 했다. 어머니의 65%, 아버지의 70%가 자녀 중 한 명을 편애한다는 결론이었다. 아버지는 막내딸을, 어머니는 장남을 선호하는 경향이 뚜렷했고. 또 자녀의 외모, 지능, 태어난 순서 등도 선호도에 영향을 미친다고 했다.

난 딸 셋에 아들이 하나 있다. 아들은 늦둥이로 내 나이 42세에 낳았는데 셋째 딸과 띠동갑이다. 큰딸은 어릴 때부터 유난히 똑똑하고 예뻤다. 공부, 예능, 체육 등 모두 잘해서 팔방미인이었다. 그리고 배려와 이해심이 많은 어디 하나 나무랄 데 없는 정말 사랑스러운 딸이었다.

그래서 애정과 관심을 많이 준 건 사실이다.

둘째 딸을 낳았을 때는 직장을 그만두고 육아에만 전념했다. 둘째는 정말 순둥이로 잘 울지도 않고 항상 웃는 얼굴로 엄마를 참 편하게 해서 아마 애정은 같았을지라도 관심을 덜 준 것 같다. 그리고 다시 직장을 다니면서 셋째 딸을 낳았는데 처음에는 또 딸이라서 무척 서운했지만, 키우다 보니 정말 그저 무조건 사랑스럽고 예뻤다. 미운 짓을 해도 이상하게 밉지 않았다. 내리사랑이라는 말을 셋째 딸을 키우면서 실감했다.

첫째 딸은 큰딸 역할과 언니 역할을 똑 부러지게 했고 둘째 딸은 부모의 관심 덩어리인 언니에게 치이고 막내라 사랑받는 동생에게 치여 가면서도 제 할 일을 묵묵히 잘해나갔다. 셋째 딸은 막내이지만 야무져서 언니들을 따라 직장생활 하는 바쁜 엄마의 짐을 덜어주며 고만고만하게 딸 셋이서 착하고 순하게 참 잘 커 주었다. 그래서인지 아이 하나 키우면서도 힘들어 죽겠다는 주위 사람들의 말이 이해가 안 간 게 사실이었다.

딸들이 어느 정도 크고 나서 터울이 뚝 떨어져서 태어난 아들 또한, 내리사랑으로 무조건 사랑스러웠다. 딸들을 키우다 아들을 키우니 정말 대견스러웠다. 하지만 젊은 엄마가 딸들에게 쏟았던 열정이 따르지 않았다. 나이 탓이 크겠지만 딸 셋을 키우면서 면역이 된 나로서는 그것이 아들에게 득이 되었는지 해가 되었는지는 모르겠다.

캘리포니아대학 연구진은 첫 자녀는 경제적 지원을 가장 많이 받기 때문에 그만큼 기대치가 높고, 몸이 약한 자녀는 심리적으로 부모의 동정심을 자극하기 때문에 부모의 편애는 자녀가 건강하거나 맏이이거나 연약한 막내일 때 심하다고 했다. 이 말이 어느 정도 공감되기도 한다.

첫째는 첫 아이라서 그런지 기대를 하고 관심을 많이 주었다, 둘째는 언니에게 배우고 동생에게 베풀면서 스스로 해결해 갔다, 셋째는 언니들과 생활하면서 또한 스스로 배워가는 것 같아 조금은 관심이 덜어졌다. 늦둥이 아들은 많은 관심에 비해 부모의 열정적인 행동이 부족했지만, 다 큰 세 누나의 사랑이 보태져 모든 식구의 사랑을 한 몸에 받았다.

자녀를 어느 정도 키워 놓고 보니 어느 자녀든 예쁜 짓을 하면 더 예쁘기도 했다가 또 미운 짓을 하면 제일 미워지기도 했다. 때로는 자녀로부터 귀찮은 일도, 속상한 일도 많이 생기지만, 함께 어울려서 위로하고 사랑하며 사는 게 가족이다.

내가 혼자가 아니고 한솥밥 먹으며 서로 부대끼며 살아갈 수 있는 것, 기쁜 일이나 슬픈 일이 있을 때 무엇보다 소중한 가족과 함께할 수 있다는 것이 얼마나 큰 축복이랴. 멀리서나마 가끔 안부를 묻고 나를 필요로 하는 자녀가 있다는 것 또한 짐이 아닌 축복이다.

이제 어느 정도 성장한 자녀를 돌아보니 특별히 눈 밖에 난 자녀가 없어서인지 누구를 더 사랑하고 덜 사랑하는지 판가름할 수가 없다. 나에게는 모두 사랑스럽고 안쓰러운 자녀들일 뿐이다.

그동안 네 아이를 키우면서 느낀 것은 아이들이 자라면서 부모에게 준 그저 신기하고, 사랑스럽고, 예쁘고, 대견스럽고, 기쁘고, 이런 풍부한 감정을 선사한 것으로 어릴 때 이미 부모에게 효도는 다 했다고 생각한다.

열 손가락 깨물어 아프지 않은 손가락이 어디 있으랴!

# 2016년 우리집 10대 뉴스

2016년을 마무리하면서 우리나라는 연일 최순실국정농단사건으로 시끄러웠다. 최순실은 미르재단, k스포츠재단 등을 설립하여 대기업으로부터 거액의 후원금을 거둬들인 혐의를 받고 조사 중인데 이는 박근혜 대통령과 공모한 것으로 드러나고 있다. 또한, 정부의 정책이나 인사 등에 개입하여 각종 이권을 챙긴 혐의가 드러나면서 국회에서 대통령에 대한 탄핵이 의결되었다. 국민의 분노로 9월부터 시작한 토요일의 촛불시위가 아직 이어지며 연인원 천만 명을 넘었다.

북한은 핵·미사일 도발을 일삼고, 정부는 남북경제협력사업인 개성공단을 폐쇄했다. 북한의 도발에 맞서기 위해 한·미는 사드 배치를 결정했다. 이에 중국은 사드배치 결정에 강력히 항의하며 한류콘텐츠의 유통을 위축시키고 한국상품과 여행객 축소 등 보복을 하고 있다.

그동안 지진 안전지대였던 우리나라는 1978년 이후 가장 큰 규모인 5.8의 강진이 경주에서 발생했다. 인공지능 바둑프로그램 알파고가 이세돌 9단과 바둑대결에서 4대 1로 승리하여 인공지능에 대한 관심을 끌었다.

공직자의 부정부패와 비리를 규제하는 일명 김영란법인 '청탁금지법'이 시행되었지만, 현직검사장, 부장판사, 부장검사, 변호사 등 꼬리를 무는 법조비리로 시끄러운 한해였다.

정부지정 5대 취약업종인 해운·조선·철강·건설·석유화학에 대한 구조조정을 경제개혁의 핵심과제로 추진했지만, 낙제 수준이었고 결국 한진해운은 법정관리에 들어갔다. 2016년 우리나라는 유난히 우울한 뉴스가 많은 것이 지도자의 무능 탓이 아닌가 싶다.

다행히 소설가 한강이 장편 '채식주의자'로 아시아작가 최초로 영국 맨부커 인터내셔널상인 문학상을 받아 우리 문학계에 신선한 충격을 주었다. 맨부커상은 노벨문학상, 프랑스콩쿠르문학상과 함께 세계 3대 문학상으로 꼽힌다.

다사다난이란 말이 정말 딱 어울리는 2016년에 우리 집은 과연 어떤 일로 웃고, 울고, 환호하고 가슴 아파하며 한 해를 보냈는지 살펴본다.

<u>셋째 딸 중등교사 임용시험 합격</u> 의류학을 공부했던 셋째 딸은 2년여를 의류회사에 다니다가 항공회사로 이직했었다. 항공회사에

다니는 동안 대학원 석사과정에 입학하여 주경야독으로 가정교육학 석사과정을 마쳤다. 그리고 기간제교사를 하면서 중등가정교사 임용시험에 세 번의 도전 끝에 드디어 서울지역에서 합격했다.

딸은 강서구에 있는 중학교에 발령받아 근무하고 있다. 담임과 방과 후 학습지도까지 맡아 수업 준비하랴, 반 아이들 상담과 지도하랴, 방과 후 학습 지도하랴 퇴근도 늦고 힘들어하지만, 교사 첫 근무부터 혹독하게 일을 배우는 만큼 연륜이 쌓이면 앞으로 학생들에게 존경받는 훌륭한 교사가 되리라 믿는다.

**아들 의경 제대와 복학** 2016년 말에 아들은 대학 생활을 한 학기 마치고 군에 입대했었다. 가족의 많은 걱정을 뒤로하고 오히려 가족을 안심시키며 씩씩하게 군에 입대했던 아들이 어느새 제대했다. 군대에서 불미스러운 사건들이 이슈가 되다 보니 군대 내 환경이 조금씩 개선되고 가족과의 소통도 자주 할 수 있어서 군 생활 적응에 도움이 되기도 했을 것이다. 아들은 21개월 동안 힘들기도 했겠지만, 의젓하게 군 복무를 마치고 소중한 경험과 많은 추억을 안고 아무 탈 없이 무사히 가족의 품으로 돌아와 다시 복학하여 그동안 누리지 못했던 대학 생활에 열중하고 있다.

**둘째 딸 이사** 서울 강서구에 살던 둘째 딸은 다섯 살 딸아이의 교육환경을 생각하며 분당으로 이사했다. 오래된 아파트를 사서 내부수리를 했는데 스스로 자재들을 고르고 각 분야의 인부들을 고용하며 직접 수리를 했다. 딸이 추운 겨울 먼지투성이의 현장에서 추위에 떨며 참관을 하러 다니는 2주 동안 내가 서울에 올라가서 외손녀를 돌봐주기도 했다.

스스로 하는 내부수리는 맘에 드는 색상과 자재를 직접 골라 하면서도 돈이 절약되는 장점이 있다. 하지만 인테리어에 대한 감각이 없으면 오히려 맘에 들지 않는 작품이 나올 수도 있다. 추운 겨울 난방도 들지 않고, 먼지 구덩이인 현장에서 힘들게 일하고 돌아오는 딸의 모습에 나는 전문업체에 맡기지 그랬냐며 걱정하기도 했다. 다행히 고생한 만큼 완성된 집은 참 예뻐서 식구 모두 맘에 들어 하며 좋아했다.

안면도 가족여행 8월에 생일인 남편의 생일파티 겸 가족여행으로 안면도에 갔다. 펜션에서 하루를 묵으며 바다에 들어가 해수욕도 하고 바비큐파티도 했다. 역시 밖에 나오면 남자들이 요리하니 편하고 좋았다. 군대에서 휴가 나온 아들도 매형들로부터 고기 잘 굽는 법을 배우면서 아주 화려하게 생일상을 차렸다. 전망 좋은 카페에서 커피를 마시며 피로도 풀고 여름휴가 겸 피서를 가족과 함께 제대로 즐겼다. 가족 모두 참석하기가 참 힘든데 아들, 딸, 사위, 손녀 등 한 사람도 빠짐없이 9명 모두 참석할 수 있어서 더욱 행복한 시간이었다.

**봉하마을 방문** 큰딸과 아들, 우리 부부 등 4명의 가족이 봉하마을 방문에 동참했다. 박근혜 대통령의 비선 실세인 최순실국정농단 사건으로 떠들썩한 요즈음 더욱더 생각나는 사람이 고 노무현 대통령이다. '사람 사는 세상'을 강조했던 그분의 묘소에 참배하고 그분이 마지막 밟았던 부엉이바위에 올라 그분의 생애와 꿈이 담긴 아름다운 봉하마을을 내려다보았다.

봉하마을에서 태어나 유년과 청년 시절을 보낸 고 노 대통령은 퇴임 후 고향으로 돌아간 대한민국 최초의 전직 대통령이다. 그분은 봉하마을에서 생태농업과 살기 좋은 농촌 만들기, 민주주의와 진보를 주제로 한 연구·집필에 힘을 쏟았지만 정말 아쉽게도 세상은 그분을 그냥 두지 않았다. 주름진 얼굴에 함박웃음을 머금은 그분의 모습이 그립다.

**고교동창들과 북유럽 여행** 8월 26일 금요일, 친구 14명은 가족들의 배웅을 받으며 13일간의 즐거운 북유럽 여행 대장정에 올랐다. 모스크바, 핀란드, 노르웨이, 덴마크, 스웨덴, 리투아니아, 라트비아, 에스토니아, 8개국을 돌아보았다. 고교동창 친구들과 미지의 세계에 대한 궁금증과 기대감을 안고 떠나는 해외여행은 중국, 서유럽, 동유럽, 인도 등 벌써 다섯 번째다. 반복되는 지루한 일상생활에서 벗어나 자유로운 마음으로 친구들과 다정하게 정을 나누며 다니는 여행이야말로 그 어떤 여행보다도 부담 없고 재미있는 여행이다. 날마다 방을 같이 쓰는 친구를 바꾸어 가며 서로서로 우정을 나누었다.

탁구 시작 생활체육 탁구교실에 참여하였다가 흥미를 느끼고 동네 탁구장에 등록하여 코치를 받아 가며 탁구에 재미를 붙이고 있다. 오후 4시에서 6시까지 탁구장에서 구슬땀을 흘려가며 동호인들과 신나게 어울리고 있다. 이제는 제법 복식도 같이 하면서 하하 호호 웃을 일도 많다. 멋진 자세로 잘 치는 모습을 보면 나이스를 외치며 격려해주고, 한껏 폼내며 내려친 모습과는 대조적으로 조그마한 공은 맞지 않고 헛손질만 할 때 서로서로 마주 보면서 하하하 모두 배꼽을 잡고 웃는다.

하루에도 수십 번을 웃으며 구슬땀을 흘리고 나서 시원하게 샤워하면 절로 건강해지는 듯하다. 직장 다니는 동안 운동을 제대로 못 하고 살았는데 탁구는 나이 들어서도 할 수 있는 운동이다. 건강이 허락하는 한 계속하고 싶은 운동으로 참 잘 선택한 것 같다.

첫째 딸 골프와 기타 시작 첫째 딸이 드디어 취미생활을 시작했다. 건강과 사회생활을 위한 골프와 정신건강을 위한 악기연주를 한다는 것은 참 바람직하다. 직장을 다니면서 취미생활 한다는 게 그리 쉬운 일은 아니다. 하지만 아무리 바빠도 시간을 쪼개어 내면 또 내어지는 게 시간이다. 자기를 위한 투자는 아끼지 말아야 한다는 것은 모두 인정하지만 자기 자신에게 너그러운 사람은 그리 많지 않다. 그런 점에서 바쁜 중에도 시간을 내서 열정을 쏟는 큰 딸에게 박수를 보낸다. 앞으로도 중도에 포기하지 말고 꾸준히 이어가기를 응원한다.

<u>중국 청도여행</u> 첫째 딸과 6월에 중국 청도에 다녀왔다. 인천국제공항에서 우연히 발견한 자동출입국심사대에 등록하고 자동출국대로 통과했다. 한 번 접수해 놓으면 입출국 시 줄지어 기다리지 않고 편리하게 사용할 수 있다. 중국 청도의 5·4 광장, 잔교, 소어산 등 관광지를 둘러보고, 칭따오맥주 공장에서 맛본 맥주는 정말 맛있었다. 사천요리와 샤부샤부도 좋았고, 야시장에서의 양고기꼬치도 맛이 일품이었다. 작년에도 딸과 중국 상해, 항주로 여행을 갔었다. 해마다 딸의 초대로 엄마와 딸만의 오붓한 여행을 하니 난 참 행복하다.

<u>휴대전화 교체</u> 1월에 내 생일선물로 딸들이 휴대전화를 교체해주었다. 나는 휴대전화를 5년 이상 사용했지만, 특별히 불편을 못 느껴 바꾸지 않으려고 했다. 하지만 딸들의 성화에 못 이겨 교체했다. 단통법이 시행되어 보조금 없이 구매하니 매우 비싸서 아까웠다. 역시 새 전화기는 화면이 커지고 카메라 성능도 훨씬 좋았다. 할 일도 챙기고 다양하게 메모도 활용하고 길 안내도 받고 정보도 얻으면서 정말 유용하게 쓰고 있었다.

6월에 딸과 같이 중국 청도에 여행을 다녀오다 인천국제공항 화장실에서 실수로 휴대전화를 물에 빠뜨렸다. 응급조치할 수도 없어 전주에 와서 서비스센터에 갔지만, 수리가 되지 않았다, 다행히 1년 미만 사용으로 반값도 안 되는 가격에 새 전화기로 보상받았다. 무엇보다도 전화기 안에 저장된 사진이며 메모들을 살리지 못해 아쉬웠다. 지금은 휴대

전화를 떨어뜨릴까, 또 혹시 잃어버릴까, 애지중지 내가 제일 아끼는 귀중품이 되었다.

2016년 우리나라는 국정 문란 사건으로 촛불시위가 아직도 꺼지지 않고 타고 있지만, 다행히 우리집은 큰 어려움 없이 평온하고 행복한 한 해였다. 모두 건강하게 잘 지냈고 가족들과 여행을 하고 외식이나 차를 마시며 담소를 즐기는 일이 많았다. 가족들과 같이 축구경기장에 가서 치맥을 즐기며 전북현대모터스팀을 소리 높여 응원하기도 했다.

나는 올해 유난히도 여행을 많이 했다. 강원도, 충북, 경북, 부산 등 전국 일주를 목표로 차근차근 여행하고 있다. 우리집은 앞으로도 올해만 같았으면 좋겠다. 그리고 우리나라도 국민이 믿고 맡길 수 있도록 정치인들은 제도적인 모순을 고치고 책임 있는 정치를 하길 바란다. 또한, 훌륭하고 능력 있는 지도자가 나와 국민이 안심하고 행복하게 살 수 있기를 기대해본다.

# 2017년 우리집 10대 뉴스

박근혜, 최순실의 국정농단 사태로 인한 국민들의 분노로 2016년 10월 말부터 시작된 촛불혁명은 2017년에도 이어졌다.

박근혜 대통령의 무능함과 정권 농단에 분노한 국민이 한마음, 한뜻으로 촛불을 들고 거리로 나와 평화적인 시위로 박근혜 대통령의 파면을 외쳤다. 국민의 염원에 국회는 박근혜 대통령의 탄핵을 가결했고, 헌법재판소는 3월 현직 대통령을 파면하는 초유의 결정을 내리는 역사적인 한 획을 그었다. 5월에 치른 조기대선을 통해 문재인정부가 출범했고 문제인 정부는 '적폐 청산'을 앞세워 이명박, 박근혜 정부의 각종 비리 의혹을 파헤치기 시작했다.

2014년 4월 16일 안산 단원고 학생 325명을 포함해 476명의 승객을 태우고 인천에서 출발해 제주도로 향하던 세월호가 전남 진도군 앞바다에서 침몰하는 대형 참사가 있었다. 그 세월호 인양작업이 계속 지체돼오다가 올해 4월 11일 마침내 인양작업이 완료되었다. 외롭고 쓸쓸한 깊은 바다에 잠겨 있던 세월호가 형체를 알아보기 힘든 모습으로 3년 만에 육지로 올라왔다.

북한이 6차 핵실험을 통한 핵 무력완성을 선언하면서 일시에 한반도는 안보 위기로 빠져들었다. 경북 성주에는 사드가 배치되었고, 중국은 이에 강하게 반발하며 경제보복 조치에 나섰다. 트럼프 미국 대통령은 북한에 대해 연일 강도 높은 제재와 압박을 강조하며 강경 모드를 이어갔고, 국제 정세는 더욱 복잡하고 어려운 국면의 연속이었다.

대한민국 축구 국가대표팀이 어렵게 아시아 최종예선 관문을 뚫고 2018 러시아월드컵 본선진출에 성공하여 9회 연속 본선진출에 성공했다. 미국 트럼프 대통령이 방한하여 24년 만에 국회에서 연설하기도 했다. 수능 전날 경북 포항에서 규모 5.4의 강진이 일었다. 교육부는 수험생들의 안전을 고려해 사상 처음으로 수능을 일주일 연기했다.

배우 김주혁 사망, 샤이니 종현 사망 등으로 연예계에 안타까운 소식이 잇따라 나오기도 했고, 재천 스포츠센터에서 56명의 사상자를 낸 대형화재가 발생하기도 했다.

국내외적으로 요동쳤던 2017년 우리 집에는 과연 어떤 일이 있었나, 우리집의 10대 뉴스를 짚어본다.

셋째 딸 임신과 출산 올해 초에 임신한 셋째 딸이 11월 12일에 아들을 출산했다. 친정엄마의 도움을 받으려고 우리 집에서 산후조리를 하고 있는데 내년 3월 초에나 집으로 돌아간다고 한다. 나를 필요로 하는 일이 있어 한편으로는 보람되고 고맙기도 하지만, 자녀에 대한 애프터서비스는 갈수록 커지고 끝이 없단 말이 실감 난다.

남편 금주선언 수십 년을 술 때문에 많은 사연이 있었음에도 애주가의 길을 마다하지 않던 남편이 이제야 금주선언을 했다. '음주운전 삼진아웃제'로 면허가 취소되었기 때문이다. 소 잃고 외양간 고친 격이나 그래도 하루라도 술을 먹지 않으면 그 하루를 보내기가 힘들었던 대단한 애주가가 금주를 선언한 건 정말 상상할 수 없는 결과다. 전화위복이라 생각해야겠지?

일본 여행 2월에 나와 큰딸, 아들과 같이 일본 북규슈로 4박 5일 온천여행을 다녀왔다. 딸, 아들과 4박 5일의 여행은 딸의 세심한 배려와 어느새 훌쩍 커버린 아들의 든든한 안내에 몸도 마음도 편안했고, 오붓한 정을 나눌 수 있어 정말 행복한 여행이었다. 6월에는 2박 3일 도쿄에도 다녀왔다. 아들은 8월 여름방학을 이용해서 절친 4명과 7박 8일 오사카에도 다녀왔다.

사위 승진 둘째 사위와 셋째 사위가 과장과 차장으로 한 계급씩 승진했다. 올해도 순조로운 직장생활에 축하를 보낸다.

첫째 딸 자서전반 공동 출판 초중고시절 제법 글을 잘 썼던 딸이 문화센터 자서전반에서 같이 수강했던 동문과 함께 책을 공동으로 출간했다. 20여 년 세월의 여백을 두고 글을 쓰기 시작했지만, 역시 딸의 글솜씨는 죽지 않고 살아 있었다. 바쁜 일상이지만 쉬지 않고 꾸준히 전진하기를 바란다.

아들 대학교 휴학 적성에 맞지 않는 학과에 다니면서 4년을 꼭 허비해야 하나? 고민하던 아들이 3학기를 마치고 휴학을 하며 진로를 모색하겠다고 했다. 한 번 생각하면 거기에 빠져 꼭 실행해야 하는 성격인 것을 알기에 아들을 믿고 기다리며 두고 지켜봐야 할 것 같다.

둘째 딸 강아지 '아리' 입양 둘째 딸이 무남독녀인 딸을 핑계 삼아 강아지 '아리'를 입양했다. 부부가 다 강아지를 좋아해서 합의를 보았다니 다행이지만, 나는 걱정이 앞섰다. 애완견을 기르는 것은 자녀가 하나 더 있는 것만큼의 정성과 노력이 필요하기 때문이다. 아리에게 온갖 정성을 쏟는 것을 보면서 참 고생도 사서 한다는 생각이 들지만, 손녀가 아리를 좋아하며 같이 잘 지내는 것을 보니 다행이다. 운동을 좋아하지 않는 딸이 강아지의 운동을 위해서 덕분에 강아지와 같이 산책하는 딸을 보며 위안으로 삼는다.

첫째 딸 기타 공연 딸은 기타를 배운 지 얼마 되지도 않았는데 지인의 기타 동호회 공연의 특별출연으로 무대에서 공연하는 기회를 누렸다.

아들 교통사고 오토바이를 타고 다니는 아들에게 미세먼지가 많은 날이니 차를 타고 가라며 내 차를 주었다. 운전실력이 좋다는 것을 알기에 아들과 같이 갈 때는 항상 아들에게 운전을 맡기곤 했지만, 왠지 그날따라 걱정되었다. "자동차가 오토바이보다는 안전하지만, 너는 보험에 들지 않았으니 좀 걱정이 된다. 조심 또 조심해서 운전해라"며 보냈는데 20분도 안 되어 교통사고를 당했다는 연락이 왔다. 덤프트럭이 정면으로 들이받아 차는 폐차되었지만, 천만다행으로 아들은 멀쩡했다. 그리고 13년을 함께한 정든 차를 잃은 안타까움이 컸지만, 덕분에 더 깨끗한 차를 갖게 되었다.

정읍 구절초 축제 가족 나들이 추석날 성묘를 마치고 온 가족이 구절초 축제장에 갔다. 옥정호 주변 낮은 산봉우리 12만㎡를 뒤덮은 구절초는 소나무와 함께 어우러져 은은한 향기를 내뿜었다. 구절초가 만발한 오솔길을 따라 산책을 하며 가족사진도 찍고 가족애를 다졌다. 가을 내음을 물씬 풍기며 온 산 가득 환하게 피어난 구절초와 코스모스, 해바라기는 우리의 마음을 진한 가을 속으로 이끌었다.

한 해를 마감하고 보니 역시 맑은 날과 흐린 날이 교차했다. 많은 크고 작은 일이 일어났지만, 그래도 크게 아픈 사람 없고 좋은 날이 더 많았던 행복한 한 해였다. 2018년에도 우리 가족 모두 건강하고 행복한 나날로 사랑 가득한 가정이길 기원한다.

# 추석 단상

10일간의 추석 황금연휴가 끝났다. 전례 없는 명절연휴로 많은 사람이 추석 전부터 여행 준비에 설렐 동안, 아들 넷에 딸 다섯인 아홉 남매의 큰 며느리인 나는 추석준비에 바빴다. 먼저 차례상을 준비할 양념으로 깨를 볶고, 대파를 썰어 냉동실에 보관하고, 마늘을 까서 곱게 찧어 놓았다. 그리고 주방, 베란다, 손님방 등 집 안 구석구석을 대청소로 깨끗이 단장시켰다.

추석 이틀 전, 아들과 같이 장을 보러 갔다. 이리저리 발품을 팔며 하나하나 정성껏 골랐다. 오랜만에 동서들을 만나 차례음식 준비하면서 즐거운 입방아도 찧을 생각으로 바구니를 가득가득 채웠다. 집에 돌아와 무거운 장바구니의 재료들을 하나둘 정리하고 한숨 돌리며 점심이나 먹어야지 하는데 전화가 왔다.

"형님, 저 이번에 못 가요. 해외여행 가기로 했어요."

둘째 동서의 전화였다. 넷째 가족도 여행으로 불참한다는 소식을 며칠 전에 받았었다. 셋째 동서는 올 수 있을까? 궁금하여 연락해보니 중국여행 중이란다. 이미 장을 다 보았는데 이제 연락하면 이 많은 먹거리는 어떻게 할까? 미리 연락했으면 장보기라도 좀 조절할 수 있었을 텐데, 힘이 빠졌다.

추석 전날, 서울에서 직장에 다니는 큰딸이 일찍 내려와 아빠와 함께 알밤을 깎고 전을 부쳤다. 나는 생선을 찌고 나물을 무치고 송편도 찌면서 분주하게 움직였다. 남편과 딸이 동서들 몫을 톡톡히 해주어 다행히 차질 없이 차례음식을 장만할 수 있었다. 풍성한 저녁을 먹고 피로를 풀 겸 남편과 나, 큰딸과 아들, 우리 가족은 다정하게 소파에 앉아 TV에서 '히든 피겨스'라는 영화를 골라 봤다.

미국과 러시아의 치열한 우주개발 경쟁으로 보이지 않는 전쟁이 벌어지고 있던 시절, NASA 최초의 우주궤도비행 프로젝트에 선발된 흑인 여성들의 실화였다. 인종차별의 벽을 넘고 세계를 놀라게 한 멋진 흑인 여성들의 굴하지 않는 모험정신은 훈훈한 감동을 주었고, 명절휴일 가족이 같이 보기에 적당한 영화로 오랫동안 여운을 남겼다.

추석날 아침, 예전의 시끌벅적했던 차례를 단출했지만 소홀하지 않게 정성껏 지냈다. 아침을 먹고 진안에 있는 시부모님 산소에 가는 길은 성묘객들의 차량에 길이 막혀 거북이걸음이었다. 소양을 지나 구도로로 들어서니 밀리는 차량이 줄고 한가로웠다.

구불구불 아름다운 고갯길의 주변 경치는 우리의 마음을 즐겁게 했다.

특히나 아름드리 메타세쿼이아가 늘어선 양쪽 도로는 정말 예뻤다. 아름다운 메타세쿼이아 길을 보며 쉬어가라고 운치 있는 정자와 그네, 음악이 흐르는 깨끗한 화장실 등 쉼터도 마련되어 있었다. 돌아오는 길에 소양에 있는 친정 부모님 산소에도 들려 인사를 드렸다. 점심은 차 안에서 성묘 음식으로 간단히 때우고 고창에 있는 시조부모님의 산소를 찾았다.

성묘를 마치고 우리 가족은 정읍구절초축제장으로 갔다. 시원한 계곡을 따라가며 나무로 만든 산책길을 걸어서 구절초축제장으로 들어가는 길은 정말 아름다웠다. 옥정호 주변 낮은 산봉우리 12만㎡를 뒤덮은 구절초는 소나무와 함께 어우러져 은은한 향기를 내뿜었다. 구절초가 만발한 오솔길을 따라 많은 사람이 어우러진 풍경과 사진을 찍기 위해 꽃밭 속에서 행복한 미소를 짓고 있는 정경은 천당을 보는듯했다. 가을 내음을 물씬 풍기며 온 산 가득 환하게 피어난 구절초와 코스모스, 해바라기는 우리의 마음을 진한 가을 속으로 이끌었다.

전주로 돌아오는 길에 내비게이션은 국도가 밀리는지 한산한 외곽도로로 안내했다. 캄캄한 밤길을 아들이 안전하게 운전하는 승용차 안에서 혹시나 보름달이 보일까, 창밖을 내다보는데 달은 중간중간 희미하게 얼굴을 내밀었다.

올 추석에는 비록 친척들이 다 모이지는 못했지만, 우리 가족끼리 오붓하게 알찬 명절을 보내게 되어 감사했다, 올 추석처럼 앞으로도 우리 가족 모두 즐겁고 행복한 시간을 보낼 수 있도록 해달라고 한가위 달님에게 빌었다.

# 이제는 나를 위해 살기로 했다

대학을 졸업하자마자 취직이 걱정인 친구들과 나는 그 당시 전주에서 유명한 점술가에게 점을 보러 갔었다. 유명해서인지 점을 보려는 사람이 많아 미리 접수하고 나중에 오라고 했다. 기다리는 동안 이왕 점을 보러 나온 김에 우리는 다른 철학관에 들렀다.

역술인이 친구들에게는 무슨 말을 했는지 기억이 나지 않지만, 나에게는 평생 독신으로 살 팔자라고 했다. 점이 맞나 확인해보자며 우리는 또 다른 철학관을 찾아갔다. 그 역술인은 이전과는 정반대로 나에게 결혼도 하기 전에 동거부터 할 것이라고 했다. 너무나 대조적으로 나온 결과를 보고 역시 점은 믿을 것이 아니라고 생각했지만, 이미 접수해 놓은 그 유명한 점술가에게 가서 또 보기로 했다.

점술가는 나에게 취직 걱정은 하지 말라고 했다. 이미 되어있지 않느냐고 했다. 사실 나는 취직시험을 치른 상태였다. 몇 살에 아프면 동쪽에 가서 약을 지어 먹고, 몇 살에는 북쪽에서 귀인을 만난다는 등 연령대별로 사주를 봐주었다.

점술가는 나에게 26세에 결혼하여 27세에 아이를 낳는다고 했다. 그러나 그 당시에는 막 대학을 졸업하고 사회생활을 하지 않은 상태였다. 적어도 3년 이상은 사회생활을 경험하고 27세 이전에는 결혼은 절대 생각하지 않을 것이라고 반박했다. 그랬더니 점술가는 26세 10월 안에 결혼 안 하면 다시 찾아오라며 아예 장담했다. 다른 내용은 다 잊었지만, 이 말은 나중에 지나고 보니 딱 맞아떨어져 지금도 잊히지 않는다. 난 바로 취직이 되었으며, 26세에 결혼했고 27세에 첫 딸을 낳았다.

직장생활 3년 차인 어느 날, 엄마가 좋은 자리가 들어왔다며 선을 보라고 하셨다. 나는 아직 결혼할 생각이 없으니 보지 않겠다고 했지만, 엄마는 나의 의견도 묻지 않고 약속을 잡았다. 약속한 날에 내가 자취하고 있던 집에 찾아온 엄마는 반강제로 나를 약속장소에 데리고 나갔다.

당시에는 지금의 전주시내 팔달로를 사이에 두고 고려당과 태극당이라는 제과점이 서로 마주하고 있었는데 아침 9시 30분에 태극당에서 선을 보기로 약속되어 있었다. 엄마와 내가 제과점 안으로 들어가자 이른 시간이라 다른 손님은 없었고, 선볼 상대의 부모와 당사자가 나란히 앉아 있었다. 내가 그 자리에 나가지 않겠다고 우기다가 약속 시각에 조금 늦어 멋쩍은 면도 있었지만, 텅 빈 그곳에 세 사람이 나란히 앉아 있는 모습이 조금은 우스꽝스럽기도 하여 피식 웃음이 나왔다.

서로 인사를 나누고 부모님끼리, 우리끼리 따로 앉아 이야기를 나누는데 어떤 여자분 셋이서 제과점으로 들어왔고, 이때부터 분위기가 이상했다. 남자가 당황하며 다른 곳으로 장소를 옮기자고 하여 우리는 덕진공원으로 갔다.

연못에서 보트를 타기도 하고 산책을 하며 이야기를 나누었다. 그리고 공원에서 사주를 봐주시는 할아버지를 만나 재미로 사주를 보았다. 할아버지는 우리가 결혼하여 같이 살다 보면 평생 티격태격할 거라고 하셨다. 하지만 대수롭지 않게 흘려들었다.

나중에 들은 이야기로 남자는 바쁜 와중에 이왕 서울에서 내려온 김에 하루에 두 건의 선을 보기로 되어있었다고 했다. 2시간 후에 태극당 맞은편 고려당에서 또 한 건의 맞선 약속이 있었다. 조금 일찍 나온 상대 여자가 시간을 보내다가 약속 장소인 고려당으로 가려고 하필이면 먼저 태극당으로 들어와 딱 마주친 모양이었다. 부모님과 안면이 있는 중매인과 같이 들어와 서로 알아보았던 것이다.

인연이었을까, 엄마의 강권에 아무 기대도 없이 가벼운 마음으로 나갔는데 내가 들어가면서 멋쩍어 웃는 모습이 예뻐 보였나 보다. 나도 상대의 조건이 괜찮아 보였고, 당사자와 데이트를 해보니 싫지는 않았다. 몇 번 만나지도 않았는데 시부모님이 적극적으로 우리의 결혼을 추진하셨다. 너무 빠른 진행에 상대방에 대해 제대로 알지 못한 채 기대 반, 걱정 반으로 얼떨결에 약혼식을 했다. 연애 한 번 제대로 해보지도 못하고 첫선을 보아 만난 지 3개월 만에 결혼식이 일사천리로 진행되었다.

결혼에 대해 진지하게 생각해보지도 못하고 결혼해서였을까, 나는 결혼하면 행복이 저절로 오는 줄 알았다. 결혼으로 인해 집안일, 자녀 양육, 시댁과의 관계 등 해야 할 일이 서너 배로 늘어나게 될 것이란 것도 예상하지 못했다. 9남매의 장남 자리가 어떤 의미라는 것을 나는 왜 한 번도 생각하지 못했는지 지금 생각해도 이해가 되지 않는다.

그러나 결혼 후 40년 가까이 직장생활도 무사히 마치고, 자녀 양육과 대가족 행사도 무난히 치르면서 잘 지내왔다. 이제 무엇보다도 자녀들이 성장하여 엄마의 그동안 정성을 알아주는 것 같아 마음이 놓인다. 가정에 무심했던 남편도 조금은 나의 공을 알아주며 때로는 위로해주기도 한다. 하지만 서로를 제대로 알지 못하고 너무 서둘러 결혼해서일까, 우리가 선보던 날 덕진공원에서 사주보는 할아버지의 말대로 서로 성격이 맞지 않는 남편과는 지금까지도 티격태격하며 살고 있다.

결혼 전이 인생 제1막, 결혼 후 은퇴하기까지가 인생 제2막이라면 은퇴 후의 인생 제3막은 그 누구보다도 먼저 나를 위해 살고 싶다. 나는 직장을 은퇴하자 가족에게 양해를 구했다.

"앞으로는 그동안 나를 챙기지 못하고 직장과 육아와 가사를 동시에 짊어지면서 열심히 일했던 나 자신을 스스로 위로하고, 나에게 보상하며 이제는 제일 먼저 나를 위해 살고 싶다."

욕심을 버리고 몸과 마음을 편안하고 여유롭게 살기로 했다. 나의 건강도 챙기고, 친구들도 자주 만나서 수다도 떨고, 취미생활도 하고, 여행도 다니면서 즐기며 나 자신을 위해서 살고자 노력하자. 하지만 본인과 가족을 위하기보다는 남이 우선이고 남에게 베풀기를 좋아했던 남편은 아직도 욕심을 버리지 못하고 무엇인가 일을 벌이며 도전하려 한다. 이제 남편도 자신을 위해 건강도 챙기고 나와 함께 취미생활도 즐기면서 편안하게 살았으면 좋겠다.

# 천생연분

"엄마 나 오늘 소개팅했어요. 그런데 느낌이 좋아. 어떤 사람인 줄 아세요. 키는 작지요, 얼굴은 크지요, 몸은 통통 살이 올랐지요. 그렇지만 처음 만나 이야기하는데 따분하지 않고 서로 대화가 통했어요, 나름의 재미도 있고요. 잘 될 것 같은 예감?"

어느 날 서울에서 직장에 다니는 둘째 딸이 전화로 내게 들려준 말이다. 공대 출신인 둘째 딸은 석사를 마치고 회사에 취직했다. 이왕 시작했으니 박사까지 도전하면 좋지 않겠느냐는 엄마의 말에 석사시절 너무 힘들어서 더는 계속하고 싶지 않다고 했었다. 맘에 드는 꽤 괜찮은 회사의 연구원으로 4년을 다니던 딸은 서른이 넘었는데 그제야 박사에 도전하겠다며 잘 다니던 회사에 사표를 냈다. 그리고 밤낮으로 연구와 학업에 매달려야 하는 그 지긋지긋하다던 대학원생활을 다시 시작했다.

"여태까지도 결혼 상대가 없는 상황에 넌 지금 학생인데 누가 너와 선을 보려 하겠느냐"며 나는 딸에게 걱정스럽게 얘기했었다. 그러나 딸은

"결혼은 인연이 있으면 하겠지만, 이렇게 대학원에 다시 도전한다는 것은 우선은 결혼을 포기한 거나 마찬가지예요. 그러니 엄마도 나의 결혼에 대해서는 기대하지 말고 접어 두는 게 좋을 거예요."

라며 내게 말했던 딸이었다.

줄줄이 딸 셋이 모두 혼기를 꽉 차고도 넘치는데 아직 누구도 결혼할 기미가 보이지 않았다. 하지만 나도 굳이 딸들에게 '꼭 결혼해야 한다, 빨리 시집가라.'라는 말은 하지 않았다. 결혼은 해도 후회, 안 해도 후회라는 말이 있듯이 본인만 괜찮다면 꼭 결혼해야만 행복하다고는 생각하지 않는다.

기왕에 결혼해본 자의 견해겠지만, 주위 사람들의 결혼생활을 들여다보면 억지로 결혼하기 위한 결혼으로 인해 후회하기보다는 자기가 하고 싶은 일을 하면서 자유스럽게 여행을 하거나 취미생활을 하며 지내는 것도 나쁘지 않다고 생각한다. 요즈음은 남자나 여자나 다 혼자 살기에 참 편리한 사회환경이다. 취미생활, 평생교육, 가전제품, 반찬가게, 대형슈퍼마켓, 가사도우미, 애완동물 등 마음만 먹으면 생활하는데 큰 불편함 없이 하고 싶은 일을 하며 얼마든지 즐겁게 살 수 있다고 생각한다.

몇 달 교제하던 딸은 뜻밖에 빨리 마음을 결정했는지 상대방을 부모에게 소개하기에 이르렀다. 사위와 첫 대면 하던 날 나는 딸이 좋으면 됐지 하는 마음으로 발걸음을 옮기면서도 '내 맘에 안 드는 면이 있거나 나도 모르게 싫은 구석을 발견하면 어떻게 하나' 하고 내심 걱정이 되었다.

욕심을 버리면 얻는다고 했던가, 아니면 딸의 방어 작전이 성공했나, 우리 부부는 보자마자 우리 사위구나! 하고 직감했다. 딸이 말한 대로 키는 작게 보이지 않았고, 얼굴도 그리 크게 보이지 않았으며, 몸도 통통하지 않았다. 어디 하나 흠잡을 데 없이 우리의 마음에 쏙 들었다. 천생연분이었다.

양가부모와의 상견례 등이 일사천리로 이루어졌고, 양쪽집안식구 누구 하나 반대의견이나 잡음 없이 결혼식이 척척 진행되었다. 그래서 둘째 딸이 언니보다 먼저 결혼하게 되었다. 주위 사람들이 딸 결혼준비 하느라 바쁘고 힘들겠다고 말하면

"아뇨, 전 할 일이 없어요. 돈이 없어 그렇지 요즘엔 돈만 있으면 다 돼요."

하며 우스갯소리로 넘기곤 했다.

나는 전주에서, 딸은 서울에서 사는 관계로 예물이며, 신혼살림 마련이며 모든 것을 딸에게 일임했다. 딸을 시집보낸다는 실감도 못 느끼는 사이에 딸은 예비신랑과 함께 상의하고, 같이 다니면서 즐겁게 또한 부족한 가운데서도 실속 있게 결혼준비를 했다. 직장생활 4년의 딸은 스

스로 혼수비용도 어느 정도 마련되어 있어서 내가 크게 신경 쓰지 않아도 되었다.

딸의 결혼식은 작년 3월 서울에서 주례 없이 이루어졌다. 시아버님이 성혼선언을 해 주셨으며, 나는 축시 낭송으로 결혼식 준비도 제대로 못 도와준 친정엄마의 체면을 겨우 차렸다. 신랑은 신부에게 사랑의 노래를 불러주기 위해서 전문학원에서 코치도 받았건만 보기 드문 음치, 박치의 실력으로 폭발적인 하객들의 웃음을 자아냈다. 그러나 신랑은 이에 아랑곳하지 않고 꿋꿋하게 끝까지 열창해서 신부에게는 감동을, 하객들에게는 정말 즐거운 웃음을 안겨주었다. 결혼식의 사회자는 딸의 옛 직장동료였는데 재치 있는 사회로 결혼식은 아주 신선했고 감동적이었다. 피로연 음식도 정말 맛이 있었다는 반응이어서 전주에서까지 와서 축하해 준 하객들에게 정말 다행이었다.

프랑스로 신혼여행을 다녀온 딸은 허니문 베이비로 임신이 되었다. 박사 2년 차인 딸은 1년 후에 아이를 갖기로 계획을 세웠지만, 자연의 섭리에는 어찌할 수 없었다. 나를 닮아 입덧이 심한 딸은 감기와 함께 임신한 몸으로 약도 못 먹어 힘들고 또 화학약품을 다루는 연구를 계속할 수 없어 결국 대학원을 휴학했다.

난 서울에 있는 딸네 집에 가서 좀 도와주고 싶었지만, 직장관계로 전주를 떠나지 못하니 마음뿐이었다. 그래도 딸은 임신 마지막 달에는 전주에 내려와서 예쁜 딸을 낳았고 2주는 산후조리원에서 또 3주는 친정엄마 곁에서 몸조리하고 서울로 올라가서 내 마음도 조금은 가벼웠다. 딸은 지난달에도 외손녀와 같이 전주에 내려와 2주 정도 머물다 갔다. 그 외손녀가 벌써 스스로 앉고 기어 다닌다. 날마다 카톡을 통해 손녀의 사진과 동영상을 보내지만, 오늘은 또 어떤 새로운 예쁜 짓을 했을까, 궁금하여 요즈음은 외손녀의 귀엽고 사랑스러운 모습이 자꾸 눈에 아른거린다.

인연이란 포기한다고 포기해지는 게 아니고 억지로 짜 맞춘다고 맞춰지는 게 아닌가보다. 아직도 나에겐 혼기가 꽉 찬 딸 둘이 더 있다. 이 두 딸도 어느 날 갑자기 마음에 쏙 드는 천생연분 신랑감을 하나씩 데리고 나타나리라 기대한다.

# 제 2 부

〈문학기행〉

# 『토지』의 산실 원주 박경리문학공원

# 신라의 역사가 살아 숨 쉬는 경주

## 김유신장군묘와 대릉원

오랜만에 남편과 단둘이서 호젓하게 '신라 천 년의 고도, 역사의 도시 경주'로 여행길을 나섰다. 추울 것이라는 기상예보와는 달리 바람도 잔잔하고 해님도 방긋 웃고 있어서 여행하기에 좋은 날씨였다.

평일이어서 비교적 한산한 도로를 달리며 많은 이야기를 나누었다. 그동안 서로 무심하기도 했지만, 시간을 맞추기 힘들어서 같이 하지 못했던 점을 아쉬워했다. 앞으로는 한 달에 한 번 정도는 가까운 곳이라도 둘이서 함께 여행을 다니자며 다짐도 했다. 이런저런 이야기를 하며 전주에서 3시간여를 달려 도착한 경주 시내는 엄청나게 큰 무덤들과 함께 고즈넉한 풍경이 눈길을 끌었다.

늦은 점심으로 경주 특식인 밀면을 먹고 경주시 충효동에 있는 김유신 장군의 묘를 찾았다. 소나무 숲을 지나 나타난 김유신 장군의 무덤은 화려하고 장엄했다. 크고 높은 봉분은 둘레석으로 쌓았고, 둘레석에는 12지신상이 노니는 듯 새겨져 있었다. 묘소 앞 왼쪽에 '신라태대각간김유신묘'라고 쓰인 비석과 오른쪽에 사후 160여 년이 지난 후에 흥덕여왕이 왕의 대우를 하며 하사한 '개국공순충장렬흥무왕릉'이라고 쓰인 비석이 마주보며 세워져 있었다. 경주가 한눈에 내려다보이는 송화산 봉우리의 김유신장군묘가 2㎞ 거리에 있는 태종무열왕릉처럼 크지는 않았지만, 오히려 왕릉보다 더 화려했다.

김유신장군묘에서 경주시가지를 내려다보니 예전에 드라마에서 보았던 영특하고 용감했던 김유신 장군의 모습이 떠올랐다. 15세에 화랑이 되어 야망이 컸던 김유신은 술집아가씨 천관을 좋아했다. 김유신은

"나라의 기둥이 되어야 할 화랑이 어찌하여 술집이나 드나들며 헛된 행동을 하느냐?"

꾸짖는 어머니의 말씀에 엉뚱한 길로 빠져든 자신을 깊이 뉘우친다. 아름다운 천관의 모습이 눈에 어른거렸지만, 꾹 참고 지내던 어느 날, 술에 취한 김유신이 말 위에서 깜빡 조는 사이에 말이 엉뚱하게도 천관의 집으로 데려다주었다. 김유신의 눈앞에 예쁜 천관의 모습이 보였지만, 김유신은 천관을 거들떠보지도 않고 그곳으로 자신을 데려다준 말의 목을 베어버렸다. 그리고는 뜨거운 눈물을 흘리던 김유신의 결연한 모습이 눈에 아른거렸다.

김유신(595~673)은 김춘추와 같이 화랑으로 활동하며 김춘추의 인물

됨을 알아보았다. 야망이 큰 김유신은 일부러 자기의 여동생 문희를 김춘추와 가까이하도록 주선하였고, 문희는 김춘추의 아이를 임신하게 된다. 김춘추와 문희는 그 당시에는 신분상 이루어질 수 없는 사이였지만, 김유신의 계략에 의해 선덕여왕의 허락을 받아 결혼하게 되었다.

선골만이 왕이 되던 그 당시 선덕여왕에 이어 진덕여왕까지 후사가 없자 김유신의 적극적인 추천으로 화백회의에서 진골인 김춘추가 무열왕(재위: 654~661)으로 추대된다. 삼국통일을 염원했던 무열왕과 김유신은 당의 소정방과 손잡고 백제와 고구려를 상대로 전쟁을 했다. 백제를 물리치고 무열왕이 죽자 김유신은 조카이자 무열왕의 아들인 문무왕과 고구려를 물리치고 결국 삼국통일을 이룬다. 그리하여 통일신라를 이루고 찬란했던 천 년의 신라역사를 꽃피웠다.

우리의 국토가 지금보다 훨씬 넓은 중국 만주까지 차지하고 있던 통일신라시대의 역사를 그대로 간직했더라면 얼마나 좋았을까? 그렇다면 우리가 훨씬 강대국이 되었을 것이며, 지금의 중국이 고구려가 자기네 역사라고 우기지도 않을 것이다. 많은 아쉬움을 뒤로 하고 경주 시내 평지에 있는 신라의 무덤들 가운데 서남쪽에 있는 대릉원으로 발길을 돌렸다.

대릉원(황남리 고분군)에는 신라왕, 왕비, 귀족 등 높은 신분계층의 무덤 20여 기가 남아 있으며, 천마총, 황남대총, 미추왕릉 등이 있다. 그중 천마총은 능의 내부를 공개하고 있다. 능의 구조는 직사각형의 구덩이를 판 뒤 덧널(곽)을 설치하여 자갈과 냇돌로 덮고, 그 위에 흙을 덮어 마무리하는 '돌무지덧널무덤'으로 되어 있다. 금관·금제허리띠(금제과대) 등을 비롯하여 각종 호화로운 유물이 나왔으며, 색이 칠해진 천마도가 나와 신라시대 그림 연구에 중요한 자료가 되고 있다는 것을 증명하고 있다.

높이 23m, 남북 길이 120m, 동서 지름 80m로 경주에서 가장 큰 황남대총은 표주박 모양으로 연결된 두 개의 무덤으로, 남자와 여자의 무덤임이 밝혀졌다. 미추왕릉은 담장을 돌려 무덤 전체를 보호하고 있으며, 무덤 앞에는 혼이 머무는 자리인 혼유석이 있다. 대릉원 안에 있는 무덤들의 모습은 약간의 차이는 있지만 '대릉'이라 불릴 정도로 정말 어마어마하게 컸다.

262년 왕위에 즉위한 신라 13대 미추왕은 최초의 김씨 왕이다. 284년 승하할 때까지 23년간 재위하는 동안 여러 차례에 걸쳐 백제의 침입을 물리치고 농업을 장려하였다. 『삼국사기』에는 미추왕릉과 관련된 전설이 전해지고 있다. 신라 유례왕 14년(297) 이서고국伊西古國 사람이 수도인 금성을 공격하여 위급한 상황에 부닥치자 대나무 잎을 귀에 꽂은 군사가 나타나 적을 물리치고 사라졌다. 누군가 미추왕릉에 댓잎이 수북이 쌓인 것을 보고 미추왕이 죽어서도 신라를 도와주었다 하여 미추왕릉을 죽장릉竹長陵, 죽현릉竹現陵이라 부른다고 한다.

신라 천 년의 고도, 경주의 고분들은 신라의 왕과 왕실의 역사를 반증해 볼 수 있는 고대왕국 신라의 산 역사다. 이 겨울 춥다고 몸을 움츠리지 말고 경주로 떠나서 대릉원의 대릉과 대릉 사이를 거닐며 천 년의 역사 신라왕국의 숨결과 찬란했던 문화와 예술, 왕조의 영화를 느껴보자.

### 부처님의 나라 불국사

경주 토함산에 있는 불국사 입구의 일주문을 지나 부처님의 나라 불국사에 들어갔다. 천왕문의 사천왕상을 지나니 왠지 으스스했다. 부처님 나라는 우주공간에 떠 있다고 한다. 그래서 불국사는 건물 밑에 석축을 쌓고 축대를 만들어 공중에 떠 있는 모습이다.

불국사는 1,200여 년 전인 751년 신라의 가장 전성기에 문화대왕이라 불리는 35대 경덕여왕 때 김대성이 만들었다. 400여 년 전 임진왜란 때 위의 목조건축이 불에 탔다. 그 뒤 수리를 거듭하여 지금의 모습은 200여 년 전 수리한 것이다. 그래서 아래의 석축은 1,200여 년 전, 위의 목조건축은 200여 년 전의 모습으로 불국사의 석축과 목조건축은 1,000년 세월의 간격이 있다. 불국사에는 국보가 7점, 보물이 5점, 유형문화재가 1점이 있어서 총 13점의 문화재를 보유하고 있으며, 1995년에 세계문화유산에 등재되었다.

불국사의 특징은 평지에 있는 궁궐처럼 산중에 세워진 사찰이다. 대웅전이 회랑(기둥을 세워 만든 복도 모양)으로 둘러 쌓여있으며 정형화되어있다. 하나의 법당이 하나의 사찰인 것처럼 독립되어 보인다. 신라시대 불교가 들어오면서 왕과 부처가 동급이라 여기어 궁궐처럼 사찰을 지었다. 보물인 연화교–칠보교, 청운교–백운교는 사찰을 오르내리는 층계다. 석축은 인공석과 자연석을 수평과 수직으로 교차하며 목조건축 공법으로 돌로 못을 만들어 서로 다른 돌못을 사용하며 짜 맞추어 각자 다른 모습으로 쌓았다. 그리하여 1,200여 년 동안 무너지지 않고 버텨오고 있다고 하니 참으로 대단하다.

청운교-백운교를 오르면 자하문이 나오고 대웅전으로 통한다. 연화교-칠보교를 거쳐 안양문에 오르고 안양문을 통과하면 극락세계인 극락전이 나온다. 연화교의 계단에는 연꽃문양이 새겨져 있는데 이는 계단을 밟는 사람이 아미타 부처님의 극락정토에 왕생하기를 기원하는 의미라고 한다. 불전과 불탑 등을 배치하기 위해 조성한 가구식석축은 경사진 지형 여건에 따라 대웅전과 극락전 외형 외곽에 자연석과 석축을 상하 2단으로 조화롭게 축조했다. 구획한 공간에 여러 형상의 석재를 채워 쌓은 이 가구식기법과 돌난간의 구성 등은 국내외 유일무이의 구조로 하나의 종합예술이다.

중앙의 자하문은 햇빛이 비치면 부처님 몸에서 붉은 금빛이 나오고, 아래에 있는 연못에서 안개가 피어오르면 붉은 금빛과 안개가 만나서 자하문이라 불린다. 서측의 범영루는 화려한 누각의 그림자가 연못의 물에 뜬다고 해서 범영루라 부른다. 동측에는 누각기둥이 소박한 자경루가 있다.

원래 불국사 앞마당에 큰 연못이 있었으나 1970년대 발굴 시 경제적 어려움으로 인하여 연못은 복원하지 못하고 덮었다고 한다. 연못이 복원되었다면 캄보디아의 앙코르와트나 인도의 타지마할과 같이 연못에

비친 멋진 불국사의 모습을 볼 수 있었을 텐데 아쉽다. 언젠가는 연못을 복원하게 되리라 믿어본다.

'대웅大雄'은 석가모니부처님을 의미한다. 통돌로 멋지게 장식된 대웅전의 계단을 오르면 위대한 영웅인 실존인물 석가여래부처님이 법당에 모셔져 있다. 석가여래부처님 양쪽에 불화인 탱화(영산회상도)와 벽화(사천왕)가 보인다.

대웅전 앞에는 경전에 의해 동측에 다보탑과 서측에 석가탑이 세워졌고 국보로 지정되었다. 다보탑은 다보부처님을 상징하고, 석가탑은 석가부처님을 상징한다. 다보부처님은 과거 석가부처님이 이 세상에 오기 이전의 모습이다. 석가부처님이 인도의 영취산에서 법화경을 설법하시면 '내가 탑으로 솟아올라 그 말이 맞다고 증명하리라.'며 다보탑이 마주 서 있다.

석가탑은 740년에 세워졌으나 1024년 지진에 손상되어 수리되었고, 1926년 도굴에 의해 탑이 기울었다. 1966년 석가탑을 보수하다 발견한 무구정광대다라니경無垢淨光大陀羅尼經은 목판인쇄물로서 세계에서 가장 오래된 것으로 보물이다. 간절한 기원으로 탑 속에 넣어둔 진리를 찾는 위대한 경문으로 1,200년을 탑 속에서 버텨낸 우리 제지술과 인쇄술의 정수다.

2013년 수리한 탑이 벌어지고 기울어져서 지금은 해체보수하고 있었다. 운이 좋게도 천 년 만에 볼 수 있는 전면해체 모습의 광경을 볼 수 있었다. 해체된 위의 몸돌은 7.9t으로 엄청나게 커 보였고, 석가탑의 무게는 총 97t이다. 원래의 지반이 단단하게 다져져 있어 지반은 발굴하지 않고 그대로 두고 복원하고 있다고 한다.

한국불교와 불교문화의 우수성을 세계에 알리는 역할을 하는 불국사는 부처님이 화엄의 세계인 불국토를 사바세계에 구현시킨 불교신앙의 완성체다. 일상에서 지친 마음을 달래주는 서정적인 사찰의 분위기는 우리를 피안의 세계로 데려다주는 듯 평온해짐을 느꼈다. 우리의 세계문화유산 불국사를 찾아 천 년 전의 예술을 감상하며 지나간 역사 속에서 현재의 나를 찾아보는 시간은 참으로 은혜로운 시간이었다.

### 신라 최고의 예술작품 석굴암

일출을 보려고 살얼음 추위를 껴안으며 석굴암으로 향했다. 경주시 진현동 토함산 석굴암 입구 광장에는 어느새 50여 명이 모여 있었다. '사랑하는 가족의 건강과 즐거운 마음으로 하고 싶은 일을 하면서 살 수 있기를' 빌며 구름 사이로 떠오르는 해를 맞았다. 7시 33분, 해는 동쪽 하늘 끝을 빨갛게 물들이며 멋진 무늬를 그리다가 찬란하게 떠올랐다.

해맞이가 끝나고 통일을 염원하여 세워진 통일대종을 지나 다다른 석굴암 매표소는 이른 아침인데도 관광객을 맞고 있었다. 일주문을 들어서자 구불구불 이어지는 산길은 굽이마다 아름다운 한 폭의 그림처럼 펼쳐졌다. 석굴 속 천여 년 전의 세계문화유산을 만날 수 있다는 기쁨으로 제법 쌀쌀한 날씨에도 콧노래가 절로 나왔다.

눈앞에 다가온 석굴암은 기대와 달리 보수 중이어서 주변이 어수선했다. 길목에 석굴암을 여러 번 수리하면서 나온 돌들을 모아놓은 곳이 보였다. 전면에서 본 석굴암은 흙으로 덮여 있었고 앞쪽에는 비바람을 막고 새나 짐승들이 들어가지 못하도록 하며, 석굴암 안의 온도와 습도를 조절하기 위해 세운 기와지붕의 전각이 보였다.

석굴 안으로는 들어갈 수도 없었고, 전실에서 전면의 유리를 통해서만 안을 들여다볼 수 있었다. 돔형의 석굴은 직사각형의 전실이 있고, 통로를 지나 주실로 이어져 있다. 주실에 있는 본존불인 근엄한 석가여래불상을 중심으로 그 주위 벽면에 십일면관음보살상 및 십대제자상 등 38구의 불상이 섬세하게 조각되어 있었다.

원숙한 조각기법과 사실적인 표현으로 완벽하게 형상화된 본존불인 석굴암부처는 용이 된 문무왕이 동해에서 대종천 물길을 타고 감은사로 오가는 광경을 직선으로 바라보는 위치로서, 해가 떠오르는 동해를 바라보도록 안치했다. 화려하게 조각된 십일면관음보살상, 다양한 표정을 짓고 있는 나한상, 위엄 있는 사천왕상, 용맹스러운 인왕상, 우아한 모습의 각종 보살상 등 석굴암의 조각품들은 동아시아 불교조각에서 최고의 걸작품이다.

석굴암은 신라 경덕왕 때 재상인 김대성이 창건해서 혜공왕 10년에 완성했다고 한다. 삼국유사에는 김대성이 현세의 부모를 위하여 불국사를, 전생의 부모를 위해서 석굴암을 세웠다고 한다. 그때는 석불사로 불렸으며 토사에 파묻혔다가 일제강점기에 발굴되었다. 총 40구의 불상을 조각했지만, 지금은 38구만 남아있다. 파손되고 도난도 당하면서 여러 차례의 보수과정을 겪었다. 보수과정에서 전문성이 부족하여 외벽과 석굴 사이를 콘크리트로 채웠다. 그리하여 내부 벽과 불상 표면에 결로현상이 나타나고 이끼가 끼기 시작했다. 어쩔 수 없이 석굴암 내부를 완전히 밀폐하고 그 안에 에어컨을 가동함으로써 유적의 보존을 위하여 석굴암 내부는 통제구역이 되었다.

아침 일찍부터 기대하고 석굴암에 갔지만, 아쉽게도 유리창 너머로 본존불만 보고 오려니 발길이 떨어지지 않았다. 석굴암 아래쪽에 있는 감로수 한 바가지를 시원하게 들이키고 발길을 돌렸다.

『나의 문화유산 답사기』 저자인 유홍준 교수는 '우리나라 모든 문화재 중에서 석굴암 하나만 있으면 세계 어떤 문화재에도 뒤지지 않는다.'고 극찬했다. 신라 최고의 예술작품으로 인정받고 있는 석굴암을 잘 보존하여 지금까지 1,000여 년을 버텨 왔듯이 앞으로도 영원하기를 바란다.

## 현대문학의 거목 동리목월문학관

석굴암 해맞이와 석굴암 관람을 마친 뒤 따뜻한 순두부찌개로 아침을 먹으면서 추운 몸을 녹이고, 근처에 있는 동리목월문학관으로 향했다. 문학관은 소설가 김동리, 시인 박목월의 예술업적과 유품을 전시하고 있다.

김동리 선생과 박목월 선생은 경주 출신으로 한국문단의 양대 산맥을 이룬 현대문학의 거목이다. 김동리 선생은 혼미한 격변기에 우리 순수문학을 지켜왔고, 고유의 토속성과 외래사상과의 대립을 통해 인간성의 문제를 그렸다. 그리고 해방 후에는 새로운 휴머니즘 문학을 작품에 구현하고자 했다. 박목월 선생은 한국 시문학의 대표적인 작가이며, 토착 정서와 민요의 가락을 시와 음악으로 승화하여 '국민시인'으로 추앙받고 있다.

동리목월문학관 입구에 들어서면 '신라를 빛낸 인물관'이 있다. 신라문화사 연표와 박혁거세, 법흥왕, 무열왕 등 왕 9명을 비롯하여 김유신, 이사부 등 장군 4명, 김후직, 소나 충신 2명, 설총, 최치원 등 학자 4명, 거칠부, 김대성 등 재상 3명, 사다함과 관창, 화랑 2명, 솔거, 백결 선생 등 예술인 5명, 효행 3명, 승려 1명 등 신라를 빛낸 인물 33명을 소개하고 있다. 또 불교 대중화에 앞장서서 찬란한 불교문화를 꽃피웠던 아도, 염촉, 혜숙, 안함, 의상, 표훈, 사파, 원효, 혜공, 자장 등 신라 십성十聖의 인물 자료도 전시하고 있어서 신라의 업적을 재조명하고, 경주가 신라인의 정신이 살아 숨 쉬는 고장임을 알리고 있었다.

문학관은 로비를 중심으로 왼쪽에는 동리문학관, 오른쪽에는 목월문학관이 있다. 동리문학관에 들어서니 동리의 대형 걸개사진이 정겹게 맞이했다. 동리의 흉상 뒤로

'동리 문학은 나귀이다. 모든 것이 죽고 난 뒤에 찾아오는 나귀이다'

고 쓰인 글이 보였다. 이는 이어령 박사가 동리문학의 세계를 함축적으로 표현한 글이다. 생전에 쓰던 서재를 그대로 옮겨온 것 같은 방에는 책상이며, 문갑, 붓들이 전시되어 있어 아직도 그가 창작에 몰두하

고 있는 듯했다. 즐겨 피우던 담배파이프, 그가 사용했던 안경과 여러 개의 시계, 아껴 쓰던 만년필, 문인협회 주소록. 세배객의 방명록, 수많은 낙관, 강의노트, 일지, 사진첩 등 그가 평소 사용했던 유품들이 많이 전시되어 있어서 볼거리가 많았다. 또한, 동리의 대표작인 『황토기』와 『무녀도』가 애니메이션으로 제작되어 있어 마치 한꺼번에 두 소설을 다 읽은 듯 흥미로운 시간을 가질 수 있었다.

어머니가 42세 때 막내로 태어난 동리는 자주 이름 모를 병으로 앓아누웠다. 5세 때에 유일한 소꿉친구인 선이가 폐렴으로 죽는 사건을 겪고, 이어서 사촌인 남순 누나의 죽음으로 충격을 받았다. 인간의 죽음과 운명에 대한 고민과 함께 성장했던 김동리는 자연합일과 무속신앙적 요소가 작품에서 두드러지게 나타났다. 20세 초반에는 잠시 출가의 꿈을 가졌으나 가부좌가 되지 않아 승려가 되는 것을 포기하고 시와 소설로 문단에 등단했다.

동리는 야학을 통해 만났던 진주사범학교 출신의 김월계와 첫 번째 결혼을 했다. 사랑을 위해서는 목숨을 바쳐도 좋다고까지 생각하던 동리는 부인을 두고 『혜성』이란 잡지와 다방 '마돈나"를 운영하던 소설가 손소희와 따로 살림을 차렸다. 그리고 김월계와 이혼 후 또 다른 안식처를 찾던 중 30세나 어린 후배작가 서영은을 만나 파문을 일으켰다. 그러나 손소희는 그들의 사랑을 용서하고 오히려 도와주었다. 동리는 다시 두 집 살림을 차렸고 서영은은 숨겨진 여인으로 20년을 지냈다. 손소희 사후에 서영은은 44세의 나이로 30세 연상인 동리와 결혼하여 셋째 부인이 되었다. 동리는 "첫 번째 여자에게서는 자식을, 두 번째 부인에게서는 재산을, 세 번째 여자에게서는 사랑을 얻었다"고 고백한 바 있다.

'무슨 일에서건 지고는 못 견디는 한국문인 중의 가장 큰 욕심꾸러기, 어여쁜 것 앞에서는 매양 몸살을 앓던 탐미파 중의 탐미파, 신라가 망한 폐도廢都에 떠오른 기묘하게도 아름다운 무지개여'

이는 1996년 김동리 작고 1주기를 맞아 미당 서정주 선생이 쓴 산소의 비문이다. 이를 보고 김동리의 제자인 이근배 시인은 이렇게 말했다.

"대하소설로도 다 쓰지 못할 동리의 크고 넓은 생애를 이렇게 짧게 담아낼 수 있는 이는 오직 미당뿐"

목월문학관의 전시관에는 그가 편집을 맡았던 '여학생' 잡지와 동시집, 청록집, 시집, 수많은 육필 원고들이 전시되어 있다. 그의 집필에 사용했던 필기구와 습작노트, 문인들과 주고받은 편지, 지인들의 친필이 담긴 부채, 그가 수집했던 우표책, 그의 강의노트, 월급봉투, 이력서, 앨범 등 목월의 꼼꼼함을 엿볼 수 있었다. 서재의 앉은뱅이책상 위에 흩어진 원고는 글을 쓰다가 방 안에 있는 흔들의자에 기대앉아 잠시 쉬고 있는 목월의 모습이 상상되었다.

목월은 1933년 대구계성학교 재학 중에 동요 〈통딱딱 통짝짝〉이 『어린이』 잡지에 당선되고, 〈제비맞이〉가 『신가정』지에 당선되어 동요와 동시 시인으로 문단에 등단했다. 할아버지의 개화의식은 목월에게 큰 가르침을 주었고 아버지는 지식인이었다. 어머니의 신앙은 기독교로 목월의 정서 형성에 많은 영향을 끼쳤다. 1940년에는 가을 어스름, 산그늘,

연륜 등이 『문장』 지에 추천되어 정식으로 문단에 등단했다.

목월의 초기 시인 〈불국사〉, 〈청운교〉 등에 나타난 향토적 정서는 고향 경주의 문화재와 자연환경을 통해 형상화된다. 매우 절제된 언어로 마음을 차분히 가라앉혀 주는 목월의 〈시〉, 〈윤사월〉, 〈청노루〉, 〈산도화〉 등은 민요적 가락에 짙은 향토색을 가미해 서정적이고 자연 지향적이다. 목월은 산문 『나와 청록집 시절』에서 당시의 심정을 이렇게 회상하였다.

"나는 늘 혼자였다. 사무가 끝나면 거리로 나왔다. 거리랬자 5분만 거닐면 거닐 곳이 없었다. 반월성으로, 오릉으로, 남산으로, 분황사로 돌아다녔다. 실로 내가 벗할 것이란 황폐한 고도의 산천과 하늘뿐이었다."

목월은 30대 후반에 애절한 사랑의 문을 두드렸던 젊은 여인과 제주도로 떠났다. 그러나 부인 유익순 여사는 제주도로 내려가 목월과 그녀가 겨울을 지낼 한복 한 벌씩과 생활비를 담은 봉투를 조용히 내밀고 돌아갔다. 부인의 그러한 태도에 젊은 그녀는 통곡했고 결국 둘은 헤어졌다. 마흔을 넘기며 목월은 안정된 생활을 했지만, 사랑과 이별의 아픔을 잊지는 못했다. 이별의 노래, 사랑도 저물고, 아아 너도 가고 나도 가야지 등 사랑과 이별의 시로 마음을 달랬다.

문학을 사랑하는 사람이라면 한 번쯤 복잡한 생활에서 벗어나 '구름에 달 가듯이 가는 나그네'가 되어 운치 있고 경치 좋은 동리목월문학관을 찾아 나서볼 일이다. '술 익는 마을마다 타는 저녁놀'의 고즈넉한 분위기가 동리목월문학의 세계로 데려가주리라.

# 전통적인 한국미가 살아 있는 안동

아침 일찍 출발하여 안동으로 가는 버스 차창 밖으로 보이는 산들이 그렇게 아름다울 수가 없었다. 단풍 절정기여서 높고 낮은 산들이 형형색색 깊은 가을색을 띠고 있었다. 올해는 단풍이 이를 것이라는 예보가 무색할 정도로 11월 둘째 주인데도 스쳐 지나가는 산들이 발갛게 불타오르고 있었다.

안동 도탑리에 있는 권정생 작가의 생가에 들렀다. 내가 어릴 때 살았던 시골집보다도 더 작고 초라했다. 교회의 지붕으로 썼던 양철로 벽을 두르고 마당도 작고 울타리도 없어서 몇 발짝만 나가면 바로 길이었다.

일제강점기인 1937년 일본 도쿄의 빈민가에서 가난한 노무자의 아들로 태어난 그는 광복 직후에 외가가 있는 경상북도 청송으로 귀국했으나 빈곤하여 객지로 떠돌았다. 나무장수, 담배장수, 가게점원 등 온갖 일을 하다가 19세에 폐결핵, 늑막염 등의 병을 얻어 거지생활로 연명하다시피 했다. 29세에 고향인 안동 조탑마을로 돌아와 교회 문간방에서 살며 24년간 교회의 종지기를 하면서 「강아지 똥」, 「몽실 언니」를 집필했다. 그는 가난하고 병든 몸이었지만, 절망하거나 원망하거나 좌절하지 않고 오히려 그러한 환경을 지배했다.

1980년 「몽실 언니」의 인세 60만 원으로 교회 뒤의 하천부지에 조그마한 무허가 집을 지어 살았다. 그 뒤 인세로 상당한 돈이 들어왔지만, 남들이 보면 답답할 정도로 근검절약하며 빈곤생활을 몸소 실천했다. 그는 세상을 뜨기 전

"인세는 어린이로 인해 생긴 것이니 그들에게 돌려줘야 한다."는 내용의 유서를 남겼다. 또한, 자신의 집터를 허물어 다시 자연으로 돌려주라고 부탁했으나 그를 기리는 마음으로 생가는 그대로 보존하고 있었다.

그의 유언대로 유산으로 남은 12억 원 중 2억 원은 고마운 조탑마을과 교회에, 일가친척에게 주었다. 나머지 10억 원과 앞으로의 인세는 권정생어린이문화재단에서 아이들을 위해 쓰이고 있다고 한다. 진정한 성자, 무소유의 권정생 선생님은 사상에 치우치지 않고 자연과 생명, 어린이, 가난하고 소외된 것들, 무고하게 고난받는 이들에 대한 사랑을 작품에 표현했다. 대표작으로 「강아지 똥」, 「몽실 언니」가 우리에게 친숙하다.

가난하여 떠돌이 객지 생활로
19세에 결핵을 얻었고

29세에 고향 조탑마을에 돌아와
교회 문간방에서 강아지 똥
몽실 언니를 집필하며
교회 종지기 하시길 24년

가난하고 병든 몸이었지만
절망하거나 원망하거나
좌절하지 않고
오히려 그 환경을 지배하셨다

몽실 언니의 인세 60만 원으로
무허가 조그마한 집을 지어
자신을 위해서는 근검절약하시고
유산으로 12억을 남기셨으니

고마운 조탑마을과 교회에
일가친척에 2억을 쓰고
나머지 10억과 앞으로의 인세는
아이들을 위해 써 달라고 하셨다

권정생 선생님은 진정한 성자였다.

– 최은우 시인의 《무소유의 성자 권정생 아동문학가》 전문

권정생 작가의 생가에서 그의 온기를 느끼고 하회마을로 갔다. 국가무형문화재인 하회별신굿탈놀이를 관람했다. 농악대가 농악을 울리면 광대들이 하회탈을 쓰고 춤을 추었다. 하회탈은 주지⑵, 각시, 중, 양반, 선비, 초랭이, 이매, 부네, 백정, 할미 등 10종 11개가 현존하고 있다고 한다. 하회탈의 유래를 살펴보면 다음과 같다.

이 마을에 최초로 허 씨가 들어와 살 때의 일이다. 허 도령이 낮잠을 자는데 산신령이 나타나 말했다.

"동네에 재앙이 많은 이유는 마을을 지키는 수호신이 화가 나서 그렇다. 그러니 탈 12개를 만들어 이 탈을 쓰고 춤을 추고, 먹고 즐겨라. 그러면 수호신이 즐거워해서 재앙이 없어질 것이다. 100일 동안 기도를 하면서 탈을 만들어야 한다."

그리하여 허도령이 움막을 만들어 다른 사람이 들어오지 못하게 금줄을 쳐 놓고 그 안에서 탈을 만들었다. 그런데 허도령을 사모한 의성 김씨 처녀가 허도령이 너무 보고 싶어 참지 못하고 99일째에 금줄을 타고 넘어가 움막을 들여다본 순간, 허도령이 피를 토하고 죽었다. 처녀도 죄책감에 자결했다. 하회탈 12개를 만들었는데 마지막 한 개의 탈인 이매는 턱을 미처 완성하지 못한 상태인 그대로 보존되고 있다.

하회마을은 물에 떠 있는 연꽃 모양이며, 낙동강이 S자 모양으로 마을을 감싸 안고 흐르고 있어서 하회마을이라 한다. 마을에서 가장 높은 중심지에 있는 600여 년 된 느티나무를 중심으로 고택들이 S자 모양의 강을 향해 배치되어 있다. 그래서 우리나라의 정남향이나 동남향과는 다르게 좌향이 일정하지 않다. 토담 골목을 따라가면 양반가의 큰 기와집을 중심으로 매년 지붕을 다시 이어주는 서민들의 멋스러운 초가집들이 잘 어우러져 있다. 현재 초가집은 관광객을 위한 민박으로 이용되고 있다고 한다.

하회마을에는 서민들이 놀았던 '하회별신굿탈놀이'와 선비들의 풍류놀이였던 '선유줄불놀이'가 현재까지도 전승되고 있다. 또한, 우리나라의 전통생활문화와 고건축양식을 잘 보여주는 문화유산들이 잘 보존되어 있다. 그래서 유네스코에 세계문화유산으로 등재되었다.

우리 일행은 문화해설사를 대동하고 하회마을의 고택을 둘러보았다. 하회마을은 현재 집성촌으로 풍산 류씨가 75%를 차지하고, 원래 이곳에 터를 잡았던 안 씨, 허 씨 등이 함께 살고 있다. 보물로 지정된 양진당, 충효당의 고택과 중요민속자료인 화경당, 작천고택, 염행당, 양오당, 하동고택이 있다.

우뚝 솟은 솟을대문과 장엄한 분위기가 감도는 양진당은 풍산류(柳)씨의 대종가다. 하회마을에서는 드물게 정남향의 집이며 99칸으로 전해오지만, 지금은 53칸이 남아 있다. 충효당은 문충공 서애 류성룡의 종택이다. 대문간채, 사랑채, 안채, 사당으로 52칸이 남아있다. 충효당 내에는 영모각이 별도로 건립되어 서애 선생의 귀중한 저서와 유품 등이 전시되고 있으며, 바깥마당에는 영국 엘리자베스 2세 여왕의 방문 때 심은 기념식수가 있다.

화경당은 안채, 사랑채, 큰사랑채, 대문간채, 사당 등을 두루 갖춘

전형적인 사대부가의 면모를 보여주고 있으며, 하회에서 가장 큰 규모로 마을 북쪽 99칸 집으로 불렸다. 작천고택은 앞마당에 작은 토담을 두어 사랑손님과 안채의 부녀자가 마주치지 않도록 한 것이 특징이다.

염행당의 특징은 문간채는 솟을대문을 두었으며, 안채와 사랑채의 구들연기를 하나의 큰 굴뚝으로 뽑아낼 정도로 사대부집 가운데서도 훌륭한 건축물이다. 양오당은 안채로 통하는 문 앞에 내외담을 쌓아둠으로써 문을 열어도 안채가 바로 보이지 않았다.

하동고택의 특이한 점은 대문채는 초가집이지만, 사랑채와 안채 등은 기와집이라는 점이다. 이러한 건축적 특징은 창건자가 후손들에게 '세상의 모든 것은 한 차례 융성하면 한 차례는 쇠락하므로 욕심을 내어 전부를 채우려 하지 말고 부족한 가운데 노력하는 사람이 되어라'는 가르침을 주기 위한 것이라 한다.

마을을 돌아 부용대가 보이는 낙동강변으로 나왔다. 하회마을 북서쪽 강변을 따라 펼쳐진 넓은 모래 퇴적층에 소나무숲이 보였다. 조선 선조 때 류성룡의 형인 류운용이 강 건너편 바위 절벽 부용대의 거친 기운을 완화하고, 북서쪽의 허한 기운을 메우기 위하여 소나무 1만 그루를 심었다고 하여 만송정이라 부른다고 한다.

만송정에서 올려다보이는 부용대는 위용 있어 보였다. 부용대는 하회마을을 가장 잘 바라볼 수 있는 곳으로 태백산맥의 맨 끝부분에 해당하며, 정상에서 안동 하회마을을 한눈에 조망할 수 있는 높이 64m의 절벽이다. 부용대 아래로 낙동강이 굽이쳐 흐르는 곳에 옥연정사,

겸암정사, 화천서원이 자리하고 있다. 거의 4시간을 차를 타고 안동까지 갔는데 시간이 부족해 부용대를 올라가 보지 못하고 바라보고만 와서 매우 아쉬웠다.

이번 안동문학기행은 전주시독서동아리연합회에서 주최하고 전주시립도서관의 후원으로 이루어졌다. 전주에서 안동까지 왕복 7~8시간이나 차를 직접 운전하지 않고, 버스에 편안하게 앉아 친구와 다정하게 속삭이며, 차창 밖으로 보이는 아름다운 산하와 단풍을 마음껏 즐겼다. 점심으로 맛있는 안동찜닭과 안동간고등어를 대접받고, 가슴 충만한 문학기행을 즐기며 진한 가을나들이의 행복을 누렸다.

# 역사와 문화가 살아 숨 쉬는 공주

오늘은 신아문예대학에서 같이 문학공부를 하는 문우들이 공주로 문학기행을 다녀왔다. 어제 준비한 35명의 간식거리를 차에 싣고 모임 장소로 가니 아직 전세버스는 오지 않았고 회장님과 몇 명의 문우가 기다리고 있었다.

버스를 기다리는 동안 참석하겠다고 신청한 사람들이 각종 이유로 불참한다는 연락이 오더니 급기야는 참석자가 24명으로 줄었다. 어젯밤부터 비가 오고 잔뜩 흐린 날씨에 오늘도 비가 오락가락하기 때문인지도 모른다. 한편으로 간식거리는 충분하여 오며 가며 더 많은 인심을 쓸 수 있어 훈훈했고, 버스 안의 좌석이 넉넉하여 편하고 오붓하게 즐거운 여행길이 되었다.

우리나라 최초로 구석기시대의 유물이 나온 곳인 충남 공주는 금강을 중심으로 구석기시대의 석장리 유적부터 백제시대 공산성, 무령왕릉, 조선시대 충청감영 등 수많은 역사유적을 가지고 있다.

공주의 역사가 시작된 석장리유적지는 낮은 산과 강을 끼고 있어 나무 열매와 물고기 등 먹거리가 풍부하고 햇빛이 잘 들어 이동생활을 하는 구석기시대 사람들에게는 좋은 자연환경이었다. 1964년부터 발굴된 구석기시대의 유물이 보존된 석장리 박물관에는 돌을 떼어내서 만들었다는 뗀석기, 동물의 뼈나 뿔, 이빨을 이용해 만든 골각기 등 많은 구석기시대의 유적이 있었다. 석장리에서는 매머드의 어금니, 주먹도끼, 돌로 만든 긁개, 자르개, 찌르개, 찍개, 다듬개, 다양한 사냥돌 등 그들이 사용하던 도구들이 많이 출토되었다.

송산리고분에서 발견된 무령왕릉은 중국 남조에서 유행하던 벽돌무덤의 형식으로 도굴의 피해를 전혀 입지 않은 상태로 발견되었으며 삼국시대의 고분연구에 중요한 의미가 있다. 왕이 동쪽, 왕비가 서쪽에 나란히 합장되었고 고분에서는 왕과 왕비의 금제 관장식과 은제 허리띠, 귀걸이, 팔찌 등 많은 장신구와 동탁은잔, 청동관리원 등 애장품이 출토되었다.

무령왕은 백제의 25대 왕이며 제24대 동성왕의 둘째 아들로 백가를 토벌하고 고구려의 수곡성을 공격하였으며 말갈의 침입에 대비해 장령성을 쌓았다. 민생의 안전을 위해 제방을 축조하는 등 왕권의 안정을 위해 힘썼다고 한다.

공산성은 백제가 부여로 도읍을 옮길 때까지 백제의 도성이었던 공주를 지키는 산성으로 이후 조선시대까지 행정의 중심지였다. 금강 주변 야산의 계곡을 둘러싼 공산성에 올라 시원한 바람을 맞으며, 옆에서 유유히 흘러가는 금강을 바라보며, 문인들과 함께 성곽을 걷는 기분은 저절로 행복이란 단어를 떠오르게 했다.

전망 좋은 공산성을 산책하고 내려와 점심으로 공주밖에 없다는 공주국밥과 알밤묵무침으로 맛있게 배고픔을 달랬다. 포만감에 잠깐의 휴식을 취하고 충남의 역사와 문화를 보존하고 있는 공주박물관으로 갔다. 700년의 백제역사 중 웅진(공주)의 백제역사는 63년이지만, 송산리고분에서 출토된 수많은 유물이 박물관에 보존되어 있었다.

마지막으로 공주 풀꽃문학관에 들러 나태주 시인을 만났다. 풀꽃을 사랑하는 시인의 마음을 알 수 있듯이 그리 넓지 않은 뜰에는 온갖 들꽃이 꽃을 피우고 있었다. 시인은 시에 대한 이야기와 서정주, 신석정 등 한 시대를 풍미했던 시인에 대한 이야기를 유쾌하게 풀어내셨다. 시인은 풀꽃문학관의 풍금을 직접 연주하며 동요를 불러주었고, 또 우리와 같이 부르기도 하면서 동심을 자극했다. 시인은 작고 수수하지만 볼수록 예쁘고 사랑스러운 풀꽃을 소재로 세상의 모든 존재가 자기 나름의 가치와 아름다움을 지니고 있음을 보여주었다.

자세히 보아야 예쁘다.
오래 보아야 사랑스럽다.
너도 그렇다.

– 나태주 시인의 〈풀꽃〉 전문

비가 온다던 날씨는 온종일 비 한 방울 내리지 않았다. 뜨거운 햇빛도 한 줄기 얼굴을 내밀지 않고 서늘한 바람만이 우리와 같이했다. 덕분에 자외선 걱정 없이 땀도 흘리지 않고 제대로 보고 느낀 뜻깊고 즐거운 역사·문학기행이었다.

## 향수를 불러일으키는
# 옥천 정지용문학관

문학 기행을 앞둔 문우들의 가슴을 애태우며 내리던 비는 신기하게도 관광버스 출발을 앞두고 뚝 그쳤다. 문학기행을 축하해주듯 비가 온 뒤 더욱 깨끗한 자연과 산뜻한 공기는 우리의 마음을 기대에 부풀게 했다. 버스가 시내를 벗어나 교외로 달리자 상큼한 아카시아꽃 향기와 쌀튀밥처럼 부풀어 오른 새하얀 이팝나무 향기가 코끝을 유혹했다.

정지용문학관에 도착하기까지 50여 분을 버스 안에서 문우들이 각자 자기소개와 장기자랑까지 곁들였다. 시낭송과 노래와 구수한 입담을 들으며 달리는 차창 밖으로 보이는 도로변에는 하얀 이팝나무의 향연이 펼쳐지고, 연초록으로 물든 산에는 아카시아꽃이 수를 놓았다.

정지용 생가는 1988년 정지용 작가의 해금조치가 있은 뒤 '지용회'의 노력으로 1996년에 원형그대로 복원되었다. 정지용 생가의 사립문을 들어서니 왼쪽으로 동그란 우물과 키 작은 굴뚝, 우물 옆 담장 밑에 장독대가 있고, 그 옆으로 본채가 사랑채와 마주 보고 서 있었다.

초가의 본채에는 '질화로에 재가 식어지면 뷔인 밭에 밤바람 소리 말을 달리고' '흐릿한 불빛에 돌아앉아 도란도란거리는 곳' 등 시어에 나오듯 방 안에 있는 소품 질화로와 마루에 있는 등잔이 〈향수〉를 다시금 생각하게 했다. 또한 방안에 놓인 가구는 아버지의 생업이 농업이 아닌 한약방이었음을 알려주었다. 시선 가는 곳마다 정지용의 시를 걸어놓아 정지용에 대한 향수를 느끼게 했다.

사랑채 옆에 있는 또 다른 사립문으로 나서니 바로 옆에 물레방아가 돌고 있고, 인공으로 만들어 놓은 실개천을 건너니 바로 문학관으로 이어졌다. 정지용문학관에 들어서니 우측으로 미남형이고 귀티 나는 정지용 밀랍인형이 긴의자에 앉아 있어서 우리는 정지용 시인과 함께 기념촬영을 했다. 문학전시실 안에는 지용연보, 지용의 삶과 문학, 지용문학지도, 시·산문집 초간본 전시 등 다양한 공간을 마련하고 있어 테마별로 정지용의 문학을 접할 수 있었다. 또한 시낭송을 할 수 있도록 음향시설을 마련한 공간도 있었다. 정지용 시인의 삶과 문학의 영상이 상영되는 '영상실'과 문학동아리 활동공간인 '문학교실'도 있었다.

우리 근대시사에서 하나의 큰 봉우리인 정지용은 이곳에서 유년시절을 보내며 초등학교를 졸업했다. 홍수로 집안 살림이 다 떠내려가고 중학교에 입학할 수 없게 되자 집을 떠나 서울로 올라가 휘문고등보통학교의 도움으로 중등과정을 이수했다. 그리고 이 학교의 강단에 선다는 약속으로 일본 교토에 있는 도시샤대학에 진학하여 영문학을 전공했다. 귀국 후 모교인 휘문고등보통학교 교사로 8년을 근무하다가 8·15 광복과 함께 이화여자대학교 문학부 교수로 옮겨 문학 강의와 라틴어 강의를 하는 한편, 천주교재단에서 창간한 경향신문사의 주간을 역임하기도 했다.

정지용은 무슨 까닭인지 일에서 손을 떼고 녹번리(현재 은평구 녹번동)의 초당에서 은거했다. 그러던 어느 날 지인을 만나러 나갔다가 행방불명이 되었다. 그래서 6·25 때 납북된 뒤 행적이 묘연한 것으로 알려졌다. 아들이 아버지를 찾으러 이북에 들어갔다가 남북분단으로 못 나오고 북한에 살고 있기도 하다. 그런데 1993년 평양에서 발간된 「통일신보」에서 가족과 지인들의 증언을 인용해 정지용이 1950년 9월경 경기도 동두천 부근에서 미군의 폭격으로 사망했다는 사실을 보도하기도 했다.

정지용의 행적에 대한 갖가지 추측과 오해로 유작의 간행이나 논의조차 금기시되었다가 1988년도 납·월북작가의 작품에 대한 해금조치로 작품집의 출판과 문학사적 논의가 가능하게 되었다.

〈향수〉는 정지용이 일본 유학길에 자신이 뛰놀던 유년의 고향을 그리워하며 쓴 시로 일제강점기의 비극을 상징적으로 표현한 시다. 평화롭고 한가한 추억 속 고향마을의 정경을 한 폭의 풍경화처럼 생생하게 그려낸 그의 대표작이다. 우리의 가슴에 새겨진 옛고향의 정경을 그대로 담아낸 정지용의 시 〈향수〉는 지용추모회 때 가수 이동원, 박인수의 노래로 다시 태어나 더욱 사랑을 받게 되었다.

점심시간까지는 30분 정도 여유가 있어 근처에 있는 향수 100리길을 걸었다. 향수 100리길은 금강이 굽이치는 대청호반의 아름다운 강변과 한국 현대시의 선구자 정지용 시인이 태어난 향수의 고장 옥천의 시문학을 함께 즐기고, 여유와 느림이 있는 시골풍경과 정겨움을 느끼며 달릴 수 있는 자전거길이다. 정지용 생가에서 출발하여 교동저수지, 장계관광지를 지나 안남면으로 해서 금강을 따라 금강자전거길을 거쳐 옥천으로 되돌아와 정지용 생가로 돌아오는 약 50Km의 자전거길을 말한다.

정지용 생가 바로 옆 길가에 향수 100리길 출발지점 안내판이 있었다. 마을을 통과하는 향수길을 걷다 보니 왼쪽으로 예쁘게 꽃단장을 한 카페가 있어 길 가던 나그네의 눈길을 멈추게 했다. 시간이 있다면 예쁜 앞마당을 가로질러 카페 안으로 들어가 차 한 잔 마시는 여유를 갖고 싶었다. 사거리를 지나 더 걸어가면 오른쪽에 데크길이 나오고 데크에는 정지용의 시를 쓴 액자들이 걸려있다. 또한, 도종환의 〈흔들리며 피는 꽃〉, 나옹선사의 〈청산은 나를 보고〉, 유치환의 〈깃발〉, 윤동주의 〈서시〉, 방정환의 〈귀뚜라미〉 등 유명한 시가 나열되어 있어 낯익은 시어들을 하나하나 읽으며 걸어가는 재미가 있었다. 정겨운 정자도 보이고, 그 옆에 마을의 수호수인 수령 400년이 넘는 느티나무가 반겼다.

향수 100리길 입구만 돌다가 되돌아 나와 옥천 한정식집 아리랑으로 갔다. 고풍스러운 한옥으로 입구에서는 연못이 시원하게 분수를 뿜어내고, 마당에는 오래된 소나무가 멋진 자태를 뽐내며 손님을 맞았다. 음식 맛은 단맛이 덜해서 좋긴 했으나 역시 우리고장 전주의 맛만큼은 아니었다. 점심을 마치고 우리는 다시 관광버스에 올라 강원도 원주에 있는 박경리 문학공원으로 향했다.

# 『토지』의 산실 원주의 박경리문학공원

옥천 정지용문학관을 돌아보고 원주 박경리문학공원을 찾아가는 관광버스는 두 번이나 헤매다 30분 이상이 지체되었다. 원주 흥업면 매지리에 토지문화관이 따로 있어서 버스 기사가 착각한 것이다.

입구에 있는 '박경리 문학공원'이라는 안내판을 보고 공원 안으로 들어가니 5층 건물의 '박경리문학의집' 건물이 나왔다. 그 옆에 북카페로 둥그런 2층 건물이 있고 안쪽으로는 2층 양옥의 박경리 작가가 살던 옛집이 있다. 박경리문학의집 건물로 들어가니 5층 세미나실로 안내했다. 박경리 작가의 지나온 삶을 회상하고 그의 문학을 소개하는 영상물이 이미 상영되고 있었다.

작가는 1926년 경상남도 통영에서 태어나고 1945년에 진주여자고등학교를 졸업했으며 본명은 '금이'었다. 결혼 후 남편의 권유로 1950년 서울가정보육사범학교를 졸업했다. 우리말과 우리글을 쓰지 못하는 일제강점기에 작가는 책을 많이 읽고 매일 일기처럼 시를 써 내려가는 것이 그에게 위안이 되었고, 희망을 잃지 않는 버팀목이 되었다고 했다.

작가의 행복했던 결혼생활은 겨우 4년, 6·25 전쟁 때 남편 김행도는 부역자로 몰려 옥사했다. 그 뒤 어린 아들마저 사고로 다쳤는데 안일한 의료진에 의해 저세상으로 떠났다. 그리고 사위 김지하가 사형선고를 받고 감옥에 있을 당시 원주의 시댁에서 살고 있던 외동딸 영주를 만나고 와서 작가는

"딸을 만나고 지워지지 않는 짙은 피멍이 들었다."

고 했다. 딸이 시댁에서 절망 속에 살고 있을 것을 못내 안타까워하다가 딸 옆에서 버팀목이 되어 주고자 원주로 옮겨 집을 구매한 것이 바로 이곳 단구동 문학공원 자리였다.

4층 자료실은 박경리 작가의 삶과 작품을 연구하는 공간으로 작가의 작품을 전시하고 문학을 연구하는 공간이다. 3층 전시실은 오로지 소설 『토지』의 공간으로 토지의 역사적, 공간적 이미지와 등장인물의 관계도, 하이라이트, 영상 자료 등을 전시해 토지의 이해에 많은 도움을 주었다. 2층 전시실은 작가의 삶의 흐름에 따라 연표와 사진, 시로 구성하여 작가에 대한 이해를 돕고 타임캡슐로 유품을 전시했다. 소설 토지의 육필원고와 만년필, 손수 지어 즐겨 입던 옷과 직접 조각한 목각여인상, 농사지을 때 쓰던 호미, 장갑 등이 전시되어 있어서 작가의 지나온 삶을 엿볼 수 있었다.

작가는 사는 게 고통스러워서 글을 썼다고 했다. 시를 쓰다가 김동리 작가의 권유로 소설을 쓰기 시작했다. 1955년 김동리의 추천으로 현대문학에 단편소설 「계산」이 게재되면서 작품활동을 시작했다.

단편이 주를 이루던 초기작들은 체험적인 성격이 강했다. 특히 1957~8년 아들을 소재로 쓴 「불신시대」에서 종교와 병원을 중점적으로 비판했고, 「암흑시대」에서 무책임하고 경박한 의사와 간호사들의 횡포에 초점을 두었다. 주인공은 자신의 눈에 비친 부조리한 사회상을 사실적으로 표현했다. 이 소설로 신인문학상을 받았지만, 작가는 서글픈 시상식이었다고 말했다. 대표작으로는 1962년 「김약국의 딸들」, 1964년 「시장과 전장」 등이 있다.

1973년에 발표한 『토지』는 한국의 근현대사를 긴 호흡으로 다루는 박경리의 대표작인 동시에 한국문학사에 길이 남을 대하소설로 손꼽힌다. 구한말 동학농민운동에서부터 8·15 광복까지 민초들의 끈질긴 생명력을 통해 우리 근현대사를 희망의 한으로 풀어낸 소설 '토지'는 생명이 흐르는 거대한 물줄기다. 서울에서 12년에 걸쳐 1, 2, 3부를 집필했고, 원주에서 13년에 걸쳐 4, 5부를 집필하여 1994년 장장 25년간의 종지부를 찍으며 토지는 이곳 단구동 옛집에서 완성되었다. 작가는 어렸을 때 외할머니에게서 들은 이야기가 토지를 쓰게 된 계기가 되었다고 했다.

"거제도에 큰 부잣집이 있었단다. 말을 타고 둘러보아야 할 정도로 넓은 땅을 가진 부자였지. 들판의 곡식은 누렇게 익었는데 때마침 불행하게도 마을에 전염병이 돌아 많은 사람이 죽어 나갔단다. 풍년이 든 곡식을 거둬들일 사람이 없어 곡식은 썩어나가고, 그 부잣집 사람들도 다 죽고 10살 난 계집아이 혼자만 살아남았단다."

어린 금이었지만, 이 이야기를 듣고 생명을 나타내는 황금빛과 죽음을 나타내는 검은빛이 대비되면서 가슴에 깊이 박혔고, 훗날 작가가 되어 그 이야기를 자꾸 키워나가면서 토지를 쓰게 되었다고 한다. 작가가 토지에 나오는 하동의 평사리, 지리산, 서울, 간도, 러시아, 일본, 부산, 진주 등에 걸치는 광활한 국내외적인 지역을 배경으로 하였지만, 직접 가보지 않고도 소설을 써 내려갈 수 있었던 것에 대해 작가는

"내가 작가가 된 것은 나의 상상력이다. 그리고 나의 상상력은 수많은 독서가 밑거름되었다."라고 말했다.

대문을 지나 작가가 살았던 2층 양옥집으로 들어가는 길에 우뚝 서 있는 마로니에 나무의 가격이 얼마나 되겠냐며 해설사가 질문을 던졌다. 작가는 이 집을 구매할 때 그 마로니에 나무가 너무 좋아서 나뭇값으로 천경자 화백의 그림을 주었단다. 지금은 그 그림 값이 억대로 치솟아 '억대 마로니에'라 부른다며 웃었다.

이곳은 작가가 18년간 살면서 토지를 완성한 곳이다. 마당에는 손주들을 위해 손수 만든 연못이 있고, 한쪽에 작가가 가꾸었던 텃밭이 그대로 남아 있다. 토지를 쓰던 방은 큰 창이 2개가 나 있었고, 그 창을

통하여 앞마당과 옆 텃밭을 내다볼 수 있었다. 그 방에는 토지를 완성하고 "끝" 자를 쓸 때까지 그 누구도 들어오지 못하게 했다고 한다. 작가는 이곳 창문을 통해서 자연을 느끼고 교감하며 작품의 영감을 얻었다.

작가는 후배 문인들의 글쓰기 공간으로 원주 흥업면 매지리에 토지문화관을 건립하여 손수 고추농사를 지으며 그들의 밥상을 차렸다. 작가는

"풀을 뽑고 씨앗을 뿌릴 때 살아 있는 것을 느낀다."

고 했다. 살아생전 작가의 넓고도 큰 사랑이 더욱더 그리워졌다.

작가가 미처 세상에 내놓지 못한 시가 있었다. 그의 딸은 작가의 49제에 맞춰 그 시들을 세상에 내놓았다. 「버리고 갈 것만 남아서 참 홀가분하다.」 제목만 봐도 작가의 마음을 짐작하게 했다. 얼마 남지 않은 생명을 예감하며 지난 삶을 회고하고 아쉬움과 홀가분함으로 써 내려가며 생을 마무리하지 않았을까?

2018년 한·러 문화외교사업 일환으로 러시아 제2의 도시이자 예술의 본거지인 상트페테르부르크의 상트페테르부르크대학에 고 박경리 작가의 동상이 세워졌다. 2013년 서울 중구 롯데호텔 앞에 세워진 푸시킨 동상에 대한 화답이다. 작고한 지 오래지 않은 우리 현대작가의 동상이 외국에 건립된 것은 의미가 깊다. 동상에는 박경리의 시 〈삶〉의 마지막 시구인 '슬픔도 기쁨도 왜 이리 찬란한가'를 러시아어로 새겼다.

작가는 이렇게 말했다.

"생각해보면 기막히게 고달픈 작업이었다. 자연이 과민하고 상처받기 쉬운 내 영혼을 언제 이토록 실하게 나를 치유해주었을까? 풀잎 하나 조약돌 하나 철마다 찾아오는 이름 모를 새들과 교감하며 내 뜰 안의 모든 생명과 함께 살았던 단구동 옛집"

"우리는 자연의 이자로만 살아야 한다. 땅에서 나오는 수확물만 얻고 땅을 훼손시키면 안 된다."

작가의 자연과 생명에 대한 무한한 사랑을 알 수 있었다. 이제 이곳은 박경리문학공원이 되었다. 그리고 그의 뜰은 우리 모두의 꿈과 희망이 되었다.

# 제 3 부

# 여행은 지친 삶의 재충전이다

# 제주여행 3박 4일(1)

집안 행사로 친척들을 만난 자리에서 둘째 동서가 말했다.

"제주도에서 1년 살기를 하는 제부가 딸 결혼식 준비로 장기간 집을 비워두고 있어서 이 기회에 제주도에 가고 싶은데 같이 갈 사람이 없어서 못 가고 있어요."

좋은 기회라고 생각되어 친구 한 명을 더 참가 시켜 우리는 셋이서 다음날 바로 제주로 출발했다.

군산공항에 차를 주차하고 제주행 비행기에 탑승하는데 비가 내렸다. 진에어는 50여 미터 정도 걸어 나가서 타야 했는데 입구에서 서비스로 우산을 하나씩 펴주었다. 똑같은 진청색우산이 줄지어 나란히 걸어가는 모습이 참 보기 좋았다. 제주공항에 도착하여 공항에서 성게미역국으로 점심을 먹고 대정으로 향하는 151번 버스를 타고 숙소 근처

구억리정류소에서 내렸다. 숙소인 에듀골드힐아파트에 우선 짐을 내려놓고 집주인의 자동차를 타고 신창해안도로 드라이브에 나섰다.

신창풍차해안도로에서 바라본 바다는 끝없이 이어지는 풍차행렬이었다. 저 멀리 거대한 풍차들이 바람에 펄럭이듯 돌아가는 모습과 하얀 포말을 그리며 너울대는 파도가 기막힌 풍경을 선사했다. 바람소리, 파도소리, 사람들 환호소리에 덩달아 가슴이 후련했다.

신창에서 다시 서북쪽으로 달려 협재해수욕장으로 갔다. 해수욕장의 하얀 모래밭에 물이 막 들어오기 시작하고 있었다. 바다가 보이는 카페에 앉아 저 멀리 비양도와 하얀 모래를 한없이 바라보며 이야기를 나누면서 쉼표를 찍었다. 바다는 언제 봐도 우리의 마음을 설레게 한다.

쉼표를 마치고 우리는 다시 남쪽으로 달려 춘심이네 본점에서 저녁으로 갈치조림을 먹었다. 잘 구워진 고등어구이가 나오고 짭조름한 갈치조림이 맛있었다. 양이 많아 다 먹지 못하고 남은 것은 포장해서 가지고 왔다. 춘심이네 2층에서는 깨끗하게 손질하여 토막 낸 갈치를 포장해서 판매하고 있었고, 차를 무료로 주며 쉴 수 있는 공간도 제공했다.

다음 날 아침 전날 포장해온 갈치조림에 김치를 넣어 다시 끓이고, 각자 집에서 준비해온 밑반찬과 함께 아침을 먹고 숙소를 나섰다. 돔베낭골주차장에 차를 주차하고 외돌개가 있는 곳까지 해변산책길을 걸었다. 양쪽으로 내 키보다 더 높은 멋스러운 돌담길을 지나 잘 가꾸어진 농장으로 들어가니 입구에 팬션이 보이고 활짝 핀 동백나무와 새들이 노래하며 반갑게 맞이했다. 농장 안에는 야자수, 소철 등 제주도에서 볼 수 있는 각종 나무가 예쁘게 손질되어 정말 아름다웠다. 오며 가며 차 한 잔 마시고 가라고 전망이 훤히 트인 예쁜 카페도 있어 사람들의 발길을 멈추게 했다. 올래 7코스의 이 해변산책길 풍경이 너무 예뻐 올레길 중에서도 단연 으뜸이다.

큰엉식당에서 점심으로 해물탕을 먹었다. 요즘 관광객이 적어서인지 해물이 신선하지 않은 것 같았지만, 다행히 국물 맛은 그런대로 괜찮았다. 올래 5코스의 큰엉해안경승지 산책로는 아직 겨울이라 나무가 많이 우거지지 않아 지난가을에 본 신비로운 풍경과는 또 달랐다. 기암절벽을 따라 바다를 옆에 끼고 나무가 만들어주는 터널산책로를 걸을 수 있는 이 길은 여전히 아름다웠다.

전 이승만 대통령의 별장으로 사용되었다는 허니문하우스카페는 주차장에서 조금 걸어가야 보였다. 하늘 높이 뻗은 야자나무, 해송 등 오래된 정원은 입구에서부터 호기심을 자극하는 남국의 정취를 풍겼다. 한때 호텔로 쓰였던 건물은 오래되어 허름해 보였지만, 안쪽으로 자리 잡은 카페는 바다를 배경으로 아름다운 전망을 품었다.

별장은 파라다이스그룹에서 인수하면서 호텔로 사용했었고, 다시 칼호텔에서 인수하여 오랜 기간 방치되었다가 지금은 이렇게 멋진 카페로 운영되고 있었다. 문섬을 배경으로 멋진 바다풍경이 펼쳐지는 야외 테이블에 앉아 커피를 마셨다. 덤으로 불어오는 시원한 바람에 여정의 피곤이 싹 씻겨 내렸다.

카페 뒤쪽 산책로로 내려가니 잘 가꾸어진 서귀포 칼호텔의 정원과 연결되었다. 하이얀 호텔건물 앞에 펼쳐진 넓은 잔디밭과 연못, 원두막과 물레방아, 쭉쭉 뻗은 야자나무들이 바다와 어울려 멋진 풍광을 연출했다.

저녁 특별식으로 튀김을 먹으러 공천포구에 있는 호꼼스넥으로 갔다. 이곳은 작년에 우리 아들과 해안드라이브 중에 우연히 발견한 올레 5코스에 있는 장소다. 그냥 지나는 길에 있는 마을정자 같은 조그마한 2층 건물이다. 건물 위치나 모양이 특이하게 생겨 올라가서 먹어본 튀김 맛이 잊히지 않아 다시 찾은 것이다. 창가 의자에 앉자마자 수평선 위로 수줍은 색시처럼 불그레하게 멋진 노을이 내려앉기 시작했고, 먹기 아까울 정도로 예쁘게 장식한 튀김의 맛도 일품이었다.

유난히 화창한 날씨여서 별을 보려고 깜깜한 어둠을 헤치고 1100고지로 차를 몰았다. 용감한 동서가 운전하고 가는 1100도로는 지나가는 차도 별로 보이지 않고 한적하고 깜깜하여 친구는 무섭다고 했다. 그러나 나는 지난겨울 어둠 속에서 찬란하게 빛났던 은하수를 다시 보고 싶은 마음에 신이 났다.

1100고지 휴게소에는 이미 별을 보러 나온 관광객이 많았다. 차에서 내려 하늘을 올려다보는데 아뿔싸! 오늘이 보름 전날이었다. 별은 칠흑 같은 어둠 속에서 봐야 제대로 빛나며 반짝이는데 하늘엔 달이 휘영청 밝으니 희미하게 빛나고 있었다. 날씨가 맑은 것만 생각하고 달빛을 생각하지 못한 것이 실수였다. 별이 유난히 크게 보이며 손을 뻗으면 잡힐 것 같이 영롱하게 반짝였던 예전의 장관은 볼 수 없어 아쉬웠다.

# 제주여행 3박 4일(2)

여행 3일째, 오후에는 태풍급 바람이 불고 비가 온다는 뉴스였다. 야외활동이 어려울 것 같아 아침부터 조금씩 불어오는 바람을 안고 성산읍에 있는 빛의 벙커로 출발했다. 빛의 벙커는 한국과 일본 사이에 해저 광케이블 통신망을 운영하기 위해 설치되었던 시설이라고 한다. 빈센트 반 고흐와 폴 고갱의 위대한 걸작을 몰입형 미디어아트로 재해석해서 보여주는 전시였다.

30여 분 동안 벙커 안 사방팔방의 벽에 빛으로 재현해내며 반 고흐의 초기작품 '감자 먹는 사람들'에서부터 '해바라기' '별이 빛나는 밤에' 등 전성기에 완성된 작품까지 강렬한 삶의 여정을 구현해냈다. 또한, 고흐와 강력한 영향을 주고받았던 고갱의 명작을 세계 최초로 공개하기도 했다. 강렬한 음향과 커다란 벽면에 그려지는 빛의 향연은 그림에 대한 문외한이라도 흥미롭게 감상할 수 있었다.

표선해수욕장 근처에 있는 식당에서 점심을 먹고 나섰는데 비는 오지 않고 바람도 거세지 않아서 재주의 숨은 명소 중의 하나인 영주산으로 향했다. 영주산 정상코스로 넓은 들판을 가로지르며 올라가는데 아직 천국의 계단도 보이지 않는 중간지점에서 비가 내리기 시작했다. 어쩔 수 없이 뒤돌아 내려와서 숙소로 향하는데 웬걸, 비가 그쳤다. 영주산 정상에 오르지 못하고 내려왔던 아쉬움에 그냥 올라갈 걸 하고 후회하고 있는데 '추억의 숲길'이란 안내판이 보였다.

우리는 길가 주차장에 차를 주차하고 숲속으로 들어갔다. 나무로 둘러쳐진 숲길은 바람을 막아주어 오늘같이 바람이 많은 날에 안성맞춤이었다. 추억의 숲길에는 옛 연자골마을의 집터와 목축지, 사농바치(사냥꾼)터, 말방아, 통시, 돌담 등의 역사유적지가 있어 삶의 터전이었음을 알 수 있었다. 1948년 제주 4.3사건이 일어나기 전 당시 마을 분위기가 뒤숭숭하여 사람들이 아랫마을로 내려오게 됨으로써 연자골마을은 사라졌다고 한다.

잘 알려지지 않아서인지 추억의 숲길은 한적했다. 3km 정도 올라갔을 때 멧돼지에 의해 땅이 파헤쳐진 흔적과 멧돼지의 발자국들을 발견하고는 두려움에 발길을 돌렸다. 숲길 입구의 '멧돼지 사체를 보면 신고하세요'라는 글귀가 생각났기 때문이다. 숲길은 왕복 11.3km로 위쪽에 편백숲과 삼나무숲 군락지가 있었지만, 다음을 기약하고 내려와야 했다. 그래도 우연히 마주친 포근하고 아름다운 숲길을 걸을 수 있어서 참 행복했다.

숙소로 돌아가는 길에 대평포구에 들러 마을을 끼고돌아 해안도로로 들어섰다. 포구에서 바라다보이는 기암절벽의 아름다운 절경에 멋있다는 환호가 절로 나왔다. 해안도로에서 바다를 바라보다가 기이하고 신기한 광경을 목격했다. 명절 고속도로에 차량정체가 연상되듯 태풍급 바람이 분다는 예고에 수많은 배가 가까운 바다에 끝없이 늘어서서 정박하고 있었다.

우리는 아직 바람이 거세지 않았고 아름다운 해안에 매료되어 겁도 없이 한참이나 해안도로 드라이브를 계속했다. 어둑해져서야 해안도로를 빠져나와 숙소 가는 길에 눈에 띄는 '돈이랑' 식당에 들어가 흑돼지 오겹살로 저녁을 먹었다. 고기는 맛있었지만, 유난히 비싼 편이었다.

어제 예고된 태풍급 바람은 예상과 달리 조용히 지나갔고 여행 마지막 날 날씨가 화창했다. 제주에 와서 오름 하나 못 올라본 것이 못내 아쉬워 군산오름에 올랐다. 제주 남서쪽 서귀포시 안덕면에 있는 군산오름은 대평리의 넓은 들을 병풍처럼 에워싸고 있다. 화산쇄설성 퇴적층으로 이루어진 기생화산채로는 제주도에서 최대 규모다. 숫오름, 암오름 두 개의 봉우리가 솟아오른 오름 정상을 향해 올라가는 중간에 야자수와 유채꽃이 교묘하게 어우러진 장소를 발견하고 차를 세웠다. 푸른 바다와 정겨운 마을도 함께 어우러진 멋진 장소에서 우리도 함께 어울려 예쁜 모습과 풍경을 카메라에 담았다.

오르는 길이 가파르고 좁아서 조금은 아찔한 길이었지만, 아름다운 풍광을 위안 삼고 꼬불꼬불 산길을 따라 정상의 턱밑까지 자동차로 오를 수 있었다. 차에서 내려 층계를 따라 오르는 것도 잠시, 바로 넓은 평원이 나오고 오름 정상이 보였다. 정상에서 내려다보이는 서귀포시 일대와 위용을 자랑하는 한라산, 우뚝 솟은 산방산, 푸르른 바다풍경이 아름다웠다. 특히 군산오름은 올레길 8코스로 일출과 일물을 다 볼 수 있는 명소다. 황홀한 저녁노을을 바라보며 페러글라이딩을 즐기는 광경을 볼 수도 있다고도 한다.

군산 오름엔 다음과 같은 전설이 있다.

'안덕면 창천리 지경은 옛날에는 겨우 10여 호가 살고 있을 정도였다. 그중에 학식이 있고 인품까지 훌륭한 강씨 선생이 제자들에게 글을 가르쳤는데 3년 동안 문밖에서 몰래 글을 배웠던 용왕의 아들이 작별인사를 고하러 왔다.

"그동안 입은 은혜를 조금이라도 갚고 싶으니 뭐라도 어려운 일이 있으면 말씀해주십시오."

"나야 뭐 젊은이들에게 글을 가르치는 것만이 유일한 즐거움이고, 딱히 불편하다거나 필요한 게 없어요. 그런데 저 냇물이 요란하여 글 읽는데 조금 시끄러운 것밖에는···"

하고 중얼거렸다. 용왕의 아들이 떠나고 뇌성병력이 치고 폭우가 내리치길 며칠이 지나 밖에 나와 보니 전에 없었던 산이 딱 버티고 서 있었다.'

어떤 이들은 중국 곤륜산이, 어떤 이는 중국 서산이 옮겨온 것이라고 하여 서산이라 부르다가 그 모양이 군막과 같다고 하여 군산이라 부르게 되었다고 한다.

어제 본 대평포구의 해안이 잊히지 않아 다시 해안도로로 들어갔다. 포구가 보이는 하얀 집 '피제리아 3657' 식당 창가에 앉아 바다를 바라보며 점심으로 피자를 먹었다. 바다에는 어제 피신한 많은 배가 그대로 정박하고 있었다. 더 머물고 싶었으나 오후 비행기를 타기 위해 제주공항으로 향했다.

여행에는 항상 목마르다. 나는 이제 자유인이라 언제 떠나도 좋다. 그러나 쉽게 떠나지 못하는 것은 경제적인 문제도 따르기 때문이다. 이번 여행은 우연한 기회에 숙소와 렌터카 비용을 절약할 수 있어서 쉽게 떠날 수 있었고, 덤으로 동서랑 친구와 함께 여행할 수 있어서 더욱 편안하고 즐거웠다.

# 딸과 동행한 제주여행

어둠을 뚫고 들어선 공항행 리무진버스 대합실은 좀 이른 시간이라 쥐죽은 듯 조용했다. 대기실에 앉아 음악을 들으며 조금 있으니 막바지 휴가객들이 하나둘씩 모여들어 금세 시끌벅적해졌다.

전주-김포·인천공항행 리무진버스는 깜깜한 새벽 고속도로를 달렸다. 이제 여름은 멀찍이 물러서고 가을이 우리 곁에 성큼 다가와 버스 안은 썰렁한 기분마저 들었다. 새벽 어스름을 뚫고 정안휴게소에 도착하니 부지런한 화물차들이 무거운 짐을 싣고서 줄지어 휴식 중이었다. 여명은 밝아 오고 고속도로는 제법 분주해졌다. 수많은 화물차가 그 무거운 몸을 이끌고 도시로, 도시로 달려가고 있었다. 묵직한 자동차 바퀴들의 행렬이 아우성치며 새벽을 밝히고 있었다.

서울로 들어서니 차들이 꼬리를 물고 속도가 늦어졌다. 역시 서울은 새벽부터 바쁘다. 김포공항에서 큰딸과 만나 탑승수속을 마치고 비행기에 올랐다. 비상구가 있는 자리에 앉으니 자리가 넓어서 좋았다. 예쁜 승무원이 다정하게 눈을 맞추고 비상구 사용법을 설명해주었다. 비상시 비상구 바로 옆에 앉은 내가 비상구 손잡이를 내려 문을 열면 옆에 통로 쪽에 앉은 사람이 한꺼번에 사람들이 몰려들지 않게 막아주고 가운데 앉은 딸에게는 하나씩 하나씩 질서 있게 빠져나갈 수 있도록 안내를 도와주라고 설명했다.

비행기는 이륙했다. 밤을 꼬박 새우고 3시간 20여 분을 달리는 버스 안에서도  잠을 이루지 못한 나는 잠이 몰려왔다. 비행기가 이륙하자 의자 등받이 깊숙이 등을 대고 눈을 감았다. 몽롱한 기분에 비행기가 날아오르자 나는 한 마리의 새가 되었다. 팔을 펴고서 날개가 되어 바람을 가르고 구름을 만나고 자유자재로 비행을 했다. 눈 아래 펼쳐지는 들판을 지나 회색빛 빌딩 숲을 만나고 푸르른 나무숲을 지나 파란 바다를 날아 아무도 살지 않는 섬을 만났다. 미끄러지듯이 내려가 바닷물에 살짝 스치기도 하며 다시 위로 힘껏 비상하여 바람을 가르는 상상의 나래는 나를 꿈속으로 데리고 갔다. 제주국제공항에 곧 도착한다는 승무원의 안내 멘트를 듣고 눈이 떠졌다. 40여 분의 비행을 나 스스로 날아온 기분이었다. 그 40분이 5분 같았다. 금세 날아온 것이다.

승용차를 빌리기 위해 제주국제공항에서 셔틀을 타고 드림렌트카에 가서 귀엽고 앙증맞은 모닝차를 인계받았다. 금강산도 식후경이라 점심을 먹기 위해 음식점 '고집돌우럭'에 들러 신선한 우럭과 전복으로 만든 우럭전복찜세트를 맛있게 먹었다.

점심을 먹고 한라수목원에 가서 산책하며 산림욕을 했다. 야생화원, 희귀식물전시실, 난전시실, 무궁화전시원, 관목원 등 다양한 식물들이 잘 가꾸어져 있었다. 족히 100년은 됨직한 아름드리 대나무밭인 죽림원에서는 어린 시절 초등학교 가는 길에 있던 마을 공동상여가 떠오르면서 조금은 무시무시한 풍경을 자아내기도 했다. 수목원 안에 있는 광이오름을 오르면서 둘러보니 푸르른 산림욕장이 시원스레 펼쳐졌다.

이호태우해안도로를 차를 몰았다. 이호태우해수욕장에는 서핑보드를 즐기는 사람들로 즐거운 비명을 지르고 있었다. 시원스레 펼쳐지는 바다를 바라보며 예쁜 해안도로를 드라이브하다가 애월의 해안을 만났다. 애월의 카페거리에도 여름휴가가 끝나지 않은 양 젊음의 열기로 가득했다. 내가 재미있게 보았던 드라마 '맨드롱또똣'의 촬영장소인 커피숍 '봄날'에서 커피 한 잔 앞에 놓고 쪽빛 바다에 붉은 노을이 내려앉는 풍경을 바라보며 낭만과 여유로운 분위기를 즐겼다.

저녁을 먹으려고 딱새우 맛집으로 유명한 곳을 찾아갔지만 대기번호 18번을 받았다. 좌석도 그리 많지 않은 조그만 음식점에 술도 팔고 있어서 언제 자리가 나올지 함흥차사 격이었다. 대기를 포기하고 발길을 돌려 숙소로 가는 도중 자동차에 주유하면서 직원에게 맛집을 물어보니 '제주돈아'를 추천해주었다. 흙돼지오겹살을 구워 먹는데 고기가 엄청 두꺼웠다. 친절한 종업원이 재미있게 이야기도 하면서 끝까지 지켜서서 구워 주는 쫄깃쫄깃한 고기의 맛이 고소하니 일품이었다 .

여행 이틀째 아침, 야심차게 새벽에 나가 용눈이오름에 올라 해맞이를 하려 했는데 일찍 일어나지 못했다. 피곤함에 숙소에서 숙면을 하고, 조천읍 선흘리에 있는 거문오름에 오르기 위해 숙소를 나섰다. 신령스러운 산 거문오름은 오름을 보호하기 위해 탐방예약제를 실시하여 하루의 입장객 수를 300명으로 제한하고 있었다.

거문오름은 용암동굴계를 형성한 모체로 알려져 있다. 분화구에는 깊게 패인 화구가 있고 그 화구 안에 작은 봉우리가 솟아 있다. 오름을 탐방하는 전체코스는 약 10km로 3시간 30분 정도 소요된다. 거문오름 갤러리가 있는 정상코스는 약 1.8km로  1시간 정도 소요되는데 전망대에서 내려다보니 용암동굴계를 만든 화산의 분화구가 한눈에 내려다 보였다. 그밖에 분화구코스는 약 5.5km로 2시간 30분 정도 소요된다.

폐장한 함덕해수욕장에는 늦바람난 몇 무리의 사람들이 아랑곳하지 않고 물놀이를 즐겼다. 아우성이 사라진 하얀 모래밭에는 평화가 머물고, 바람과 햇빛, 그리고 시원한 파도소리가 우리를 환영해주었다. 함덕해수욕장에서 바라다본 에메랄드빛 바다는 정말 예뻤다. 드넓은 바다와 하얀 모래사장, 서우봉이 바라다보이는 정말 기가 막힌 전경을 품은 카페 델몬도에서 커피를 마시며 눈 호강을 즐겼다.

딸이 제주의 어느 회사에서 의뢰받은 강연을 하는 동안 나는 정원 벤치에 앉아 지나가는 사람들을 보며 휴식을 취하고 있었다. 자연환경이 아름답고 볼거리가 많은 제주에 사는 다양한 사람들을 보며 부러운 생각이 들었다.

제주에서 유명한 '오는정김밥' 집에 들러 예약한 김밥을 찾아서 맛있게 먹었다. 이 김밥집은 맛집으로 유명해서 미리 전화로 예약을 해야 한다. 오전에 전화했는데 오후 5시에 찾으러 오라고 할 정도로 유명한 집이다. 유명세에 걸맞게 김밥은 내용물도 풍부하고 맛있었는데 특히 멸치김밥이 참 맛있었다. 숙소로 가는 길에 법환포구 근처에 있는 망고홀릭에서 신선로에 고급스럽게 장식한 시원한 망고빙수를 먹으며 여행의 피로를 풀었다.

여행 3일째, 한림공원을 향해 나섰다. 공원 안으로 들어가자 길목에는 갖가지 수련이 핀 큰 대야가 줄지어 늘어서서 반겼다. 어마하게 커다란 야자수정원이 남국의 정취를 풍겼다. 각종 선인장정원, 잎이 무성한 관엽식물원, 열대과수원, 허브가든, 용설란정원이 있는 아열대식물원, 수십 종의 야생화가 수줍은 듯이 피어 있는 산야초원, 소나무, 단풍나무, 동백꽃나무, 야자수 등 각종 나무가 시원하게 뻗은 산책길, 사철 갖가지 꽃이 피어 있는 플라워가든, 용암동굴인 협재·쌍용동굴, 희귀한 자연석과 300년에 이르는 멋들어진 분재작품이 눈을 호강시키는 석·분재원, 재암민속마을, 사파리조류원, 연못정원 등 신기하고 진귀한 볼거리가 많아 쉬엄쉬엄 하루 종일 머물러도 좋을 곳이었다.

늦은 점심을 먹고 협재의 바다가 보이는 카페에서 제주에서의 마지막 낭만을 누렸다. 제주를 떠나기 아쉬움에 여유를 부리다가 차를 반납하러 가는 도로가 퇴근시간에 맞물려 많이 밀렸다. 렌터카센터에 도착하여 차를 반납하고 나니 공항에 가는 셔틀버스는 막 떠나고 없었다. 비행기 시간이 촉박하여 부랴부랴 콜택시를 불러 타고 공항으로 달렸다. 탑승수속을 하고 탑승 게이트에 도착하니 다행히 비행기 출발이 20분 지연된다고 해서 여유 있게 비행기에 오를 수 있었다.

딸은 제주에서의 강연 의뢰에 덤으로 나와 함께 2박 3일 제주여행을 계획했다. 딸의 세심한 여행계획표에 기대어 가볍게 따라나선 제주여행이어서 더 좋았다. 제주도는 언제 가도 참 좋다. 이제는 한 달이 아니라 1년 정도 제주도에서 꼭 한번 살아보고 싶다는 꿈을 가졌다.

# 그리움을 품은 상사화

**— 영광 불갑산 불갑사**

친구들과 같이 영광 불갑사로 상사화를 만나러 가는 길은 따가운 해님도 그늘 속에서 잠시 휴식을 취하고 있어 차를 운전하고 여행하기 참 좋은 날씨였다. 전주에서 정읍을 거쳐 고창, 영광으로 가는 도로변에는 하늘하늘 코스모스가 춤추며 우리를 반겨 주었다.

차창 밖으로 소나무 고장답게 여러 가지 모습으로 멋진 자태를 뽐내는 소나무들이 많이 보였다. 어느 구간에서는 쭉쭉 뻗은 늘씬한 소나무가 기개를 자랑하며 가로수로 우뚝 서 있기도 했다. 한가로이 주변 풍경도 구경할 겸 국도로 들어섰는데 고지식한 내비게이션은 자꾸 고속도로로 안내했다. 무시하고 국도를 타고 이정표를 따라 영광 불갑면에 들어서자 입구부터 예쁜 꽃무릇 무리가 활짝 웃으며 우리를 맞이했다.

불갑산 관광지구에 도착하니 그곳은 2일 후에 열리는 '불갑산 상사화 축제' 준비에 한창 분주했다. 주차장에서 내려 불갑사까지 이어지는 드넓은 관광지구에는 활짝 핀 꽃무릇과 울긋불긋 관광객이 한데 어울려 화사하게 빛났다.

이 일대에 핀 꽃무릇(석산)을 붉은 상사화라 부른다. 잎과 꽃이 한 줄기에서 나오지만, 숨바꼭질하듯 일생 서로 만나지 못하는 그리움이 사랑으로 피어난 꽃이다. 상사화는 불갑산 일대를 불타오르듯 온통 빨갛게 물들이고 있었다. 서로 만나지 못하는 애틋한 그리움 때문인지 처연한 화려함이 사람들의 눈과 마음을 사로잡았다.

불갑산에 그리움이 번지듯 빨갛게 불타오르는 상사화에 취해서 시원한 그늘에 앉아 친구들과 담소하며 즐거운 추억을 나누었다. 일상을 벗어나 추억에 빠져드는 이 야릇하고 행복한 기분을 뭐라 표현할 수 있을까?

상사화에는 다음과 같은 슬픈 전설이 얽혀 있다.

옛날 금실이 좋은 부부에게 늦게 얻은 예쁜 딸이 있었다. 아버지가 병환으로 돌아가시자 아버지의 극락왕생을 기원하며 백일동안 탑돌이를 시작했다.

이 절의 큰스님 수발승이 이 여인에게 연모의 정을 품었으나 스님의 신분으로 이를 표현하지 못했다. 여인이 불공을 마치고 집으로 돌아가자 스님은 그리움에 사무쳐 시름시름 앓다가 숨을 거두었다.

이듬해 봄 스님의 무덤에 잎이 진 후 꽃이 피어나니 이 모습이 세속의 여인을 사랑하여 말 한마디 건네 보지 못한 스님의 모습을 닮았다 하여 꽃의 이름을 상사화相思花라 하였다.

주위에 흐드러지게 피어 있는 상사화에 의해 마치 산사가 빨갛게 불길에 휩싸인 듯 보이는 불갑사는 삼국시대 백제에서 가장 먼저 세워진 사찰로 백제무왕(600~640년) 때 행은 스님이 세웠다는 설이 있다. 또한, 백제 침류왕 원년(384)에 인도승 마라난타가 진나라를 거쳐 영광에 상륙하여 세웠다고 하는 설이 있으나 확실하지 않다.

불갑사 입구의 천왕문에 모셔진 나무로 된 사천왕상은 목조사천왕상 중 가장 큰 것으로 알려져 있다. 산사체험으로 쓰이는 만세루를 지나서 마주친 불갑사 대웅전에 모셔진 부처님은 정면이 아닌 측면 즉 오른쪽 방향을 보도록 안치된 점이 특이했다.

상사화가 만발한 불갑산의 불갑사를 뒤로하고 한국의 아름다운 길 100선 중 9번째로 아름다운 도로로 선정된 영광백수해안도로로 향했다. 내비게이션의 안내에 따라 찾아가는데 두 갈래 길이 나오고 내비게이션은 순간 먹통이 되었다. 우리는 이야기에 취해서 이정표를 제대로 보지 못했고 어림짐작으로 하나의 길로 들어섰지만, 조금 가다가 잘못 들어왔음을 직감했다.

차를 멈추고 다시 내비게이션에 물으니 그대로 가라고 했다. 잘 왔구나 싶어 3㎞ 이상을 다시 달려가니 법성포구가 나왔고 마을 골목을 돌아 다시 오던 길로 안내했다. 순간 우리는 폭소를 자아냈다. 똑똑하지만 융통성이 없는 이 기계는 1차선 도로에 중앙선이 실선으로 이어졌다 하여 그 한적한 도로를 한참이나 더 달리게 해놓고 마을 골목을 돌아 유턴을 하게 한 것이었다. 그동안 충분히 돌아갈 수 있는 공간이 여러 곳 있었는데도 불구하고 교통법규의 원칙에만 따라 길을 모르는 우리를 보기 좋게 한 방 먹였다. 우리의 무지와 기계의 단순함에 우리는 눈물을 찔끔거리며 한바탕 크게 웃었다.

끝을 알 수 없는 수평선과 하늘이 맞닿은 드넓은 서해를 바라보며 달리는 구불구불 아름다운 백수해안도로는 환상적이었다. 해당화가 줄을 이어 환영했고 훤히 트인 바다는 넘실넘실 출렁거리며 우리의 눈을 황홀하게 했다. 전망대 부근에는 365계단의 목조계단과 3km의 목조산책로가 조성되어 있어서 잠시 쉬며 가슴을 시원하게 어루만져 주는 바닷바람을 쐬며 산책도 할 수 있다.

언젠가는 꼭 가보고 싶었던 불갑산 불갑사의 상사화였다. 30여 년 전 결혼하고 곧이어 맞이한 추석에 시댁 선산이 있는 고창 선운사 부근으로 성묘를 하러 갔었다. 그때 선산 부근 여기저기에 피어있는 처음 보는 상사화에 매료되었었다. 무더기로 피어있는 모습도 화려하지만, 하나하나의 자태를 자세히 들여다보면 정말 아름다운 그 모습에 반하지 않을 수 없다. 그때부터 나는 추석 성묘 갈 때마다 평생 잎과 꽃이 서로 만나지 못한다고 하여 꽃말이 '이루어질 수 없는 사랑'인 상사화 구경에 마음이 설레었었다.

이번에 시기를 잘 맞추어서 붐비지 않게 활짝 만개한 아름다운 상사화를 한가로이 볼 수 있었던 것은 행운이었다. 36년여의 직장생활을 무사히 마치고 정년퇴직을 하니 계획도 없이 주말이 아닌 평일임에도 갑자기 어디론가 떠나고 싶을 때 맘 맞는 친구들과 떠날 수 있음이었다. 빨갛게 그리움을 품은 불갑산 불갑사의 상사화는 무엇인지 그리워 목마른 우리의 가슴까지 빨갛게 물들였다.

# 슬로시티, 아름다운 섬 증도

초여름 같은 가을 어느 날, 전주에서 3시간여를 달려 우리나라 최대의 소금생산지인 증도에 도착했다. '아름답고 깨끗한 슬로시티, 느림의 미학이 살아있는 섬' 증도를 예전에는 배를 타고 들어가야만 했지만, 지금은 증도대교가 놓여 관광버스를 타고 들어갈 수 있었다.

증도대교를 건너가니 입구에는 신안군의 청정이미지와 섬 발전의 바람을 상징하는 조형물로 농게가 담배를 끊어내는 형상이 설치되어 증도 전체가 금연구역임을 알리고 있었다. 금강산도 식후경이라 했던가? 증도에서 유명한 짱뚱어탕으로 허기를 달래고 증도를 세계에 알리는 계기가 되었던 신안해저유물 발굴지를 향하여 출발했다.

송·원대유물매장해역(국가지정문화재 사적 제74호)은 600여 년간 바닷속 깊이 잠들어 있던 송·원대 도자기 등 2만여 점의 유물들이 발굴되면서 국내는 물론 세계의 이목이 쏠렸다. 목포에서 43km 떨어진 도덕도 앞 해상은 수심이 20~24m이며 조류가 센 곳이어서 당시 이곳을 항해하는 중국선박이 풍랑을 만나 침몰했던 것으로 보인다. 송·원대 유물은 이 지점의 해저 갯벌에 묻혀 있던 침몰선박과 주변에 흩어져 있는 것을 인양해 낸 것이다. 송·원대의 중국 도자기가 주류를 이루고 철 또는 청동을 주조하여 만든 금속유물과 동전 등도 많이 발굴되었다.

유물은 1976년 한 어부의 그물에 청자가 걸려 올라오면서 시작된 신안해저유물의 발굴로 무려 9년간 발굴 작업을 하였다. 인양된 선체와 유물은 도자기 20,661점, 금속제품 729점, 석제품 43점, 동전류 28t, 자단목 1,017개, 기타 574점으로 중국 도자기의 역사를 다시 쓰게 만들었다고 한다.

신안해저유물에는 증도 사람들의 일화가 많이 담겨 있다. 그물에 걸려 나오는 도자기가 보물인지도 모르고 고기잡이배에는 저주라 여겨 제를 올리기도 하고, 보물을 깨부숴버리거나 성한 것이 있으면 개밥그릇으로 쓰기도 하였다. 어떤 할머니는 요강으로도 사용했다가 나중에 알고 보니 그게 5억 원짜리 요강이었더란다, 마을 사람 중에는 나중에 유물인지 알고부터 몰래 유물을 건져내다가 들키기도 하여 마을 인심이 흉흉해지기도 하였다. 지금도 보물 이야기만 나오면 5억짜리 요강을 사용하신 그 할머니의 무덤이 들썩들썩한다는 우스갯소리도 떠돈다.

유물발굴지 근처에 배 모양의 도자기박물관이 있는데 이곳의 도자기는 진품이 아닌 모조품이다. 그리고 이 건물 안에는 음식이 맛있고 분위기가 좋은 식당도 있다. 아름다운 다도해를 바라볼 수 있는 한옥정자에도 올라가 보고, 휴식과 사색을 즐기며 쉼터공간인 공원을 걷기도 하며 낙조가 가장 아름다운 섬, 느림의 미학을 추구하는 슬로시티 증도를 즐겼다.

청정갯벌을 가로지르는 짱뚱어다리는 총 길이 472m로 세상에서 하나밖에 없는 짱뚱어 모습을 닮은 나무로 만들어진 운치 있는 다리다. 짱뚱어다리를 건너며 내려다보이는 갯벌에는 짱뚱어 모습보다 훨씬 많은 작은 농게가 수없이 꾸물대고 있었다.

증도는 유인도 8개와 무인도 91개로 이루어졌다. 짱뚱어다리를 건너 남쪽으로 조금만 걸어가면 서쪽 바다에서 밀려온 길이 4km, 폭 100m 백사장으로 이어진 천연적인 우전해수욕장이 나온다. 우전해수욕장은 맑은 물과 90여 개의 무인도가 점점이 떠 있는 수평선이 매우 아름다웠다, 마음을 비우고 정다운 사람들과 함께 분가루같이 하얀 모래밭을 거닐다가 이국정취를 물씬 풍기는 해변의 비치파라솔 아래에서 휴식도 취하니 마치 해외여행을 나온 기분이었다. 백사장을 따라 10만 그루의 해송이 빼곡히 들어서 있는 숲이 한반도 모습인 '한반도 해송 숲' 산책길이 지척이어서 삼림욕을 즐기며 산책하기에도 안성맞춤이었다.

증도에는 간척지로 생긴 우리나라 최대의 소금생산지로 광활한 태평염전이 있다. 염전의 소금창고였던 곳을 개조한 소금박물관 입구에는 매머드형상의 조형물이 세워져 있고 그 부근에 소금동굴 힐링센터도 있으며 천일염과 함초된장 등을 구매할 수 있는 태평염전직매장도 있다.

증도에는 하룻밤 포근히 머물 수 있는 전망이 아름답고 시설이 좋은 숙박시설이 많다. 2006년 개관한 엘도라도리조트는 외관은 유럽풍 별장을 연상케 하고, 내부는 고급스러운 시설과 친절한 서비스로 모든 객실에 개인주차장이 따로 마련돼 있다고 한다. 아름다운 낙조를 볼 수 있는 썬셋빌라, 깎아지른 듯한 기암절벽 위에서 확 트인 바다를 조망할 수 있는 오션클리프빌라, 푸른 잔디가 깔린 화훼공원과 다도해의 풍광이 동시에 보이는 스카이빌라 등 건물외관이 각양각색이어서 취향별로 객실을 고르는 재미도 있다고 한다. 하지만 지역주민들은 엘도라도 리조트는 외국계이므로 증도주민을 위하여 깨끗하고 다양한 민박을 추천한다고 했다.

언젠가 시간이 나면 여유롭게 다시 한 번 증도를 찾아 하루 이틀 정도 더 머물다 가도 좋을 여행지였다. 이 아름다운 섬 증도가 국제슬로시티연맹이 5년마다 진행하는 슬로시티 재심사에서 '인증 보류' 결정이 내려지기도 했다. 2010년 증도대교가 개통되면서 육지와 연결되었고, 10만 명이던 관광객이 80만 명이 넘어 많은 차량이 밀려들면서 '유유자적한 도시, 풍요로운 마을'이라는 슬로시티 취지에서 멀어졌기 때문이란다. 청정 환경이 쓰레기로 몸살을 앓고, 관광과 세수확보에 주력하다 보니 도시적 인공미와 편리성에 치우쳤으니 그럴 법도 하다.

'빠름보다는 느림, 채움보다는 비움, 인공보다는 자연'을 중시하자는 슬로시티의 취지를 살리려는 노력과 자연경관에 대한 설득력 있는 보존 방안을 연구한 결과, 증도는 다행히 한 차례의 재심사 기회를 살렸다. 드넓은 갯벌이 끝없이 펼쳐져 수많은 생명이 살아 숨 쉬는 생태계의 보고, 유네스코 생물권 보존지역인 증도가 영원히 아름답고 깨끗하게 보존되기를 희망한다.

# 동계올림픽의 꽃, 컬링

2018 평창동계올림픽이 시작되었다. 한동안 매섭게 추웠던 날씨도 우려했던 것과는 달리 하늘이 지구촌스포츠축제를 도왔다. '행동하는 평화'를 주제로 열린 개막식에서 '하나 된 열정'이라는 슬로건을 내걸고 남북한 선수단이 함께 입장하며 화려하게 막을 올렸다. IT 강국답게 최신기술로 환상적인 장면을 연출하고 드론을 활용하여 오륜기를 만드는 장면은 정말 신기하고 멋졌다.

감동적이고 극적인 개막식을 시작으로 역대 최대의 동계올림픽 경기가 시작되었다. 첫 경기로 낯선 컬링경기 중계를 시청했다. 컬링의 규칙과 용어, 득점 방식을 인터넷을 보고 알아가면서 경기를 보니 생각보다 긴장감 있고 재미 있어서 컬링의 매력에 푹 빠져들었다.

컬링은 1998년 나가노대회 때부터 동계올림픽 정식종목으로 채택되었다. 2014년 소치대회까지는 남자부, 여자부 각 1개씩 2개의 금메달이 걸려 있었으나 2018년 평창 동계올림픽부터 남녀 각 1인이 팀이 되어 겨루는 믹스더블이 채택되어 모두 3개의 금메달이 걸려 있다.

컬링은 빙판경기장(시트) 위에서 둥글고 넓적한 스톤을 하우스라고 하는 표적을 향해 미끄러뜨려서 득점을 겨루는 겨울스포츠다. 스톤을 여러 차례 미끄러뜨려서 정해진 표적에 위치시키는데 자기스톤은 지키고 상대편의 스톤을 밀어내기 위하여 고도의 전략과 집중력이 요구되는 경기다. 컬링 득점방식은 한 엔드가 끝난 뒤 버튼에서 가장 가까운 곳에 있는 스톤의 소유 팀이 상대편 스톤보다 하우스 중앙(버튼)에 가까이 붙인 스톤의 개수만큼 득점이 된다.

해머(hammer)란 마지막 스톤을 던지는 것을 말한다. 해머를 가진 팀은 상대 팀보다 득점을 올리기가 훨씬 쉬운데, 해머를 가진 엔드에서 많은 득점을 올리는 것이 중요하다. 해머를 갖지 않은 팀이 득점하는 것을 스틸(steal)이라 하는 데 매우 어렵다.

평창동계올림픽에서 처음으로 정식종목이 된 믹스더블 혼성에서 우리나라는 20대의 어린 나이에도 불구하고 핀란드를 첫 상대로 재미있는 경기를 펼치며 승리하여 컬링에 관심을 불러일으켰다. 남자컬링팀은 초반에 연속 4연패로 성적이 좋지 않았지만, 후반에는 선전하며 컬링에 대한 희망을 보여주었다. 여자컬링팀은 승승장구하며 컬링에 불을 지폈다. 전 세계의 관심을 끌며 평창동계올림픽의 주인공이 되어 컬링 열풍을 몰고 왔다. 준결승전 일본과의 경기에서는 손에 땀을 쥐게 하는 접전을 벌이며 연장전까지 치르고 결승에 올랐다.

"엄마는 앞으로 다시 볼 수 없을지도 모르는 역사적인 동계올림픽을 우리나라에서 하는데 현장에 같이 가보지 않겠느냐"며 아들이 몇 번이나 말했지만, 장거리인 데다 막연히 비싼 숙박비며, 입장료를 생각하며 갈 엄두를 내지 못하고 있었다. 그런데 올림픽 마지막 전날 밤 딸에게서 전화가 왔다. 지인으로부터 컬링결승전 입장권을 두 장 받았는데 아빠와 엄마가 보러 가면 좋겠다는 꿈같은 소식이었다. 남편은 아쉽게도 일이 있어서 가지못 한다고 하니 덕분에 신이 난 아들과 같이 가기로 했다.

여자컬링팀 결승전은 아침 9시 시작이라 설레는 마음으로 잠을 설치고 새벽 3시에 아들이 운전하는 차를 타고 강릉으로 향했다. 깜깜한 도로는 한산해서 기분 좋게 달릴 수 있었다. 고속도로휴게소에서 아침을 먹고 커피를 마시며 여유도 부리고 강릉올림픽경기장에 도착했다. 경기가 많지 않은 올림픽 마지막 날이라 조금은 한산할 줄 알았는데 주차장, 셔틀버스 타는 곳, 매표소, 기념품 판매점 등 곳곳이 인산인해를 이루고 있었다.

스웨덴과의 결승전이 시작되었다. 컬링경기장이 그리 크지 않아서 경기하는 모습을 가까이서 볼 수 있어 신기했다. 선수들의 표정까지도 다 읽을 수 있을 정도였다. 대형 카메라가 우리 앞에서 계속 돌고 있었고, 가끔 우리의 모습이 카메라에 잡히는 장면이 대형스크린에 스쳐 지나가기도 했다. 텔레비전에서 볼 때는 스톤을 던질 때 한쪽에서만 던지는 줄 알았는데 앤드가 바뀔 때마다 시트 양쪽의 하우스를 번갈아 가며 사용하고 있었다.

스웨덴과의 결승전 1앤드에서 우리가 해머를 쥐었고, 1점밖에 나지 않을 상황이라 블랭크(0:0) 앤드를 만들려고 했으나 실패하여 1점을 얻고 해머를 넘겨주었다. 여기서부터 운이 좋지 않았다. 스웨덴은 2앤드를 블랭크로 끝내고 3앤드에 다시 해머를 쥐고 2점으로 역전했다. 4앤드에는 우리 팀이 해머를 쥐고도 오히려 1점 스틸을 당했다. 7앤드에 3점을 또 내주어 결국 9앤드를 마치고 우리 팀은 8-3으로 기권패를 선언했다. 아쉽게 스웨덴에 금메달을 내주었지만, 우리나라 여자컬링팀은 장하게도 올림픽 참가 두 번째 만에 은메달을 목에 걸었다.

여자컬링팀은 재미있는 이야기와 '영미'라는 유행어를 만들어 내며 올림픽 내내 컬링 열풍으로 우리 국민을 기쁘게 했다. 스킵 김은정은 주변에 놀만 한 게 없어서 리드 김영미 친구를 따라 방과 후 활동으로 컬링을 시작했다고 했다. 서드 김경애는 언니 김영미의 심부름으로 컬링연습장에 갔다가 코치의 권유로 시작했고, 친구 세컨드 김선영을 끌어들였다. 후보 김초희의 활약을 보지 못해서 아쉽기도 했지만, 친구와 동생, 동생 친구가 팀을 이루며, 특이하게도 선수와 감독 모두가 김씨 성을 가져 '팀 킴(Team Kim)'으로 불렸다.

열악한 환경에서 올림픽 사상 아시아 최초로 이루어낸 값진 은메달이다. 앞으로 4년 뒤 베이징동계올림픽에서는 우리나라 여자컬링팀은 물론 남자컬링팀과 믹스더블에서도 금메달을 목에 걸 수 있기를 기대해본다.

# 여행은 지친 삶의 재충전이다

진로를 고민하던 아들은 한 살이라도 젊을 때 여러 방면으로 사회를 경험하고 싶다며 대학을 휴학했다. 내가 제주에서 한 달 살기하고 있을 때 몇 번 와서 같이 여행했던 아들도 제주에 매력을 느꼈나 보다. 제주에서 아르바이트하면서 여행도 하고 잠시 머리 좀 식히겠다며 아들은 제주살기에 들어갔다.

아들은 새벽부터 아르바이트를 하고 나서 점심 이후에는 제주를 여행할 수 있는 시간을 가졌다. 한 달 정도 살겠다던 아들은 5개월을 제주에서 머물렀다. 덕분에 나와 딸도 아들의 숙소에 머물며 함께 여행을 할 수 있어서 자주 제주로 떠났다. 제주가 나의 고향같이 익숙하고 친근감이 있어 아들이 일을 하고 있으면 나 혼자서도 제주를 즐길 수 있게 되었다.

제주에서의 어느 날, 아들을 일터에 내려주고 용두암에서부터 무지개해안도로를 따라 드라이브하면서 도두봉으로 달렸다. 예쁜 바다와 길가에 세워진 재미있는 동상들, 아기자기한 풍경이 눈을 즐겁게 했다. 시원한 바닷바람을 맞으며 황홀한 일몰과 제주의 야경을 즐길 수 있는 오름으로 제주공항에서 가장 가까운 도두봉은 산체가 낮고 경사가 완만하여 쉽게 오를 수 있다. 도두봉에 오르는 길은 여러 갈래가 있는데 나는 장안사에 차를 주차하고 남사면을 따라 올라갔다. 올라가는 길목에는 마을의 안녕과 풍어를 기원하는 제단과 운동시설이 보였다. 오르는 것도 잠시 해발 65m의 도두봉 정상이 평지처럼 넓게 펼쳐지고 도두전망대가 있다.

남동쪽으로는 비행기가 뜨고 내리는 장면을 볼 수 있는 제주국제공항이 보이고, 서쪽으로는 일몰을 감상할 수 있는 너른 바다와 항구가 보였다. 다시 북쪽으로 내려가 둘레길을 따라 걷다 보면 도두항의 방파제 양쪽 끝에 우뚝 서 있는 하얀등대, 빨간등대가 보이고 해변으로 내려가는 층계가 있어 해변의 검은 돌들을 밟고 사진도 찍었다. 도두봉 정상에는 키세스존이라는 포토존이 있는데 나무터널 사이로 보이는 멋진 풍광이 큰엉해안경승지의 한반도존과 비슷했다.

도두봉에서 내려와 공항의 비행기가 뜨고 내리는 광경을 볼 수 있는 장소인 공항 뒷길로 향했다. 수시로 비행기가 오르내리는 신기한 광경을 아주 가까이서 보는 재미가 있었다. 다시 드라이브 코스로 차를 몰아 이호태우해수욕장까지 갔다. 이호동의 이호와 제주 전통 통나무뗏

목을 뜻하는 태우가 합쳐진 아름다운 이름의 이호태우다.

해수욕장 근처에는 넓은 캠핑장이 보이고, 방파제에는 조랑말 모양의 커다란 하얀 등대와 빨간 등대가 마주하고 서 있다. 항구의 상징인 등대의 색상에는 의미가 있다. 빨간색과 하얀색의 2개의 등대가 있는 곳은 두 색상의 등대 사이 포구로 배가 안전하게 들어올 수 있도록 유도한다. 하나의 등대가 있는 경우는 배를 기준으로 오른쪽과 왼쪽을 구분하여 위험을 방지할 수 있도록 한다. 빨간색의 경우 바다에서 항구를 바라볼 때 오른쪽이 위험하니 왼쪽으로 가라는 의미고, 흰색의 경우는 왼쪽이 위험하니 오른쪽으로 가라는 의미라고 한다.

주차장에 차를 주차하고 해수욕장 모래사장으로 내려가 예쁜 바다를 바라보며 여유와 낭만을 즐겼다. 해안에는 서핑을 즐기는 젊은이들의 함성이 들리고 파도는 적당히 출렁거리며 그들의 놀이터가 되어주었다. 이호태우해수욕장에서 외도까지는 아름다운 해안도로가 쭈욱 이어져 있다. 해안도로에는 예쁜 카페나 음식점도 많이 있어 여행자에게 산책이나 드라이브 코스로 인기가 좋은 해안도로다.

제주의 스타벅스 외도점은 일도 하면서 휴식을 취하기에 더할 나위 없이 좋은 장소였다. 다른 카페처럼 많이 붐비지도 않고 아늑한 분위기에 의자도 편안하고, 바다를 바라보며 여유롭게 휴식을 즐기기에 안성맞춤이었다. 제주에서 있으면서 비가 많이 오거나 아들이 일하는 시간에 여유 있을 때마다 찾아가서 나 혼자 일렁이는 바다를 바라보며 독서를 하고 글을 쓰기도 했다. 때로는 이어폰을 귀에 꽂고 음악을 들으면서 커피 한 잔의 여유를 누렸다.

많이 돌아다니면서 많이 보는 것만이 여행은 아니다. 여행은 다람쥐 쳇바퀴 돌듯이 반복되는 일상생활에서 벗어나 휴식을 취하면서 지친 마음을 치유하는 과정이기도 하다. 신비로운 자연과 새로운 문화를 만나 가슴이 벅차오르고, 휴식을 취하여 심신의 피로를 풀고, 앞으로 나아갈 수 있는 힘을 얻어 재충전이 되는 새로운 나를 찾아가는 여정이다.

# 제 4 부

# 10월의 마지막 밤

# 여고 동창생

오늘 점심은 한 달에 한 번씩 만나는 여고동창 모임이 있는 날이다. 남편이 아침 일찍 차를 가지고 나가서 택시를 타고 가려 했는데 고맙게도 데려다준다고 연락이 왔다. 비도 오고 날씨도 더운데 다행이었다. 뒤이어 친구 선이가 사무실에 있다고 가는 길에 같이 가자고 연락이 왔다.

선이는 알뜰살뜰 전업주부로 살았다. 이젠 아이들도 다 독립하고 남편이 몇 년 전에 정년퇴임을 했는데 생활비를 조금밖에 내놓지 않아서 생활이 팍팍하다고 화장품 방문판매사원을 한다. 남편에게 생활비를 받아쓴다는 게 좀 치사하다나? 진즉 자기 앞으로 개인연금이라도 들어둘 것인데 본인을 위해서는 아무것도 준비하지 못한 것이 너무 후회된다고 했다. 그래서 한 푼이라도 아끼려고 무거운 가방을 들고, 차도 없이 열심히 걸어 다니는 것을 보면 한편으로는 마음이 짠하면서도 한편으로는 건강에도 좋겠지 하는 위로의 마음이다.

우리 여고동창 모임은 매월 둘째 주 수요일 점심이다. 현재는 내가 동창모임의 총무다. 건망증이 심한 나이라 모임 하루 이틀 전에 연락해야 하는데 어제저녁까지도 깜빡하고 연락을 안 하고 있으니까 연이가 이번 달 모임이 없느냐고 전화가 왔었다. '애고! 이놈의 정신머리 어찌하나, 왜 이렇게 자꾸 잊어버릴까?' 부랴부랴 장소와 시간을 문자메시지로 날렸다.

연락이 늦어서일까? 휴가철이고 비가 많이 와서 그런지 오늘 모임은 평상시보다 적은 인원이 참석했다. 아구찌개, 돼지갈비찌개에 가스불을 켜놓고 끓여대니 냉방된 방은 금방 더워지고, 서비스하는 총각은 옷이 땀으로 흠뻑 젖었다. 매달 20명 안팎으로 모여 오늘도 20명 정도로 예약했었다. 설마 4인분 상 네 개는 채우겠지 하고 음식을 미리 주문해 놓았는데, 아뿔싸! 세 상 밖에 못 채우고 상 하나는 도로 물려야 할 판이었다. 조심스럽게 반품이 되는지 물어봤더니 흔쾌히 허락하는 총각이 너무 예뻐서 저절로 만 원짜리 한 장 팁으로 내밀었다.

저마다 고등학교 시절로 다시 돌아가 왁자지껄 지껄이더니 항상 직장생활 하는 나와 몇 명이 먼저 일어섰는데 오늘은 바쁘다고 2시도 안 되어 모두 일어서는 분위기였다. 요즘 계속 비도 내리고 또 휴가철이어서 오늘은 좀 느긋하게 놀고 와야지 하고 오늘따라 3시까지 외출을 달고 나왔는데 이게 웬일인가.

학창 때 반장도 하고 우등생이었던 라이는 사회에 나와서도 우리의 영원한 회장이다. 라이의 열정으로 우리의 여고동창생 모임은 30여 년 간 꾸준히 매달 모임을 유지하고 있으며 우리 모임이 주축이 되어 졸업 25주년, 35주년 기념행사도 풍성하게 치렀다. 또한, 여고동창 친구들과 미지의 세계에 대한 궁금증과 기대감을 안고 떠나는 해외여행은 3~4년에 한 번씩 중국, 서유럽, 동유럽, 인도 등 벌써 다섯 번을 다녀왔고, 앞으로 북유럽여행도 계획하고 있다.

전문의사이면서 교수인 라이는 요즘에야 쿡TV에서 서비스하는 드라마 다시보기 폐인이 되었단다. 오늘도 아침부터 '내 이름은 김삼순'을 보다가 왔다고 빨리 들어가서 봐야 한다고 제일 먼저 일어섰다. 쿡TV를 보면서도 어떤 서비스가 있는지도 모르다가 이제야 알았단다. 역시 학자인 너도 이 땅의 아줌마라는 건 어쩔 수 없구나.

수요일은 자유라고 항상 느긋하게 즐기던 라이마저 드라마 폐인을 자처하며 일찍 일어서니 난들 어찌하랴. 이미 결재가 된 내 남은 외출 1시간을 포기하고 어쩔 수 없이 일찍 들어와 업무에 복귀했다. 매달 설레는 마음으로 기다려지고 만나면 반갑고 즐거운 모습인 여고동창, 정답고 순수한 친구들이여! 다음 달에 다시 보자.

# 옥수수 하모니카를 불며

나는 태어나서 결혼 전까지 시골에서 살았다. 겨울에는 내방 윗목에 저장해 둔 고구마를 간식으로 먹었고, 여름에는 원두막을 지키며 수박과 참외 그리고 텃밭에서 금방 꺾어다 찐 옥수수와 하지감자 등 간식거리가 풍부했다. 또 가을에는 집안에 딱 한 그루씩 있는 포도나무와 감나무, 사과나무, 배나무에서 직접 딴 열매로 허기를 메우곤 했었다. 나이가 들어갈수록 어릴 때 먹었던 음식들에 구미가 당기곤 하여 이 나이에도 밥보다는 그런 간식거리를 더 좋아하다 보니 여름철인 요즈음엔 자주 옥수수하모니카를 분다.

쌀, 밀과 함께 세계 3대 곡물에 속하는 옥수수의 원산지인 남미에서는 옥수수를 신이 주신 선물이라고 했다. 나는 옥수수를 주로 삶아서 먹지만, 옥수수는 뻥튀기, 차, 콘치즈, 스위트콘 등 아주 다양하게 한

용도로 사용되고 있다.

옥수수에는 폴리페놀과 베타카로틴 등의 항산화 성분이 풍부하게 함유되어 있어 노화와 각종 질병을 유발하는 활성 산소를 억제하고 우리 몸의 면역력을 높이는 데 효과적이다. 또한, 비타민E와 루테인과 지아잔틴이 풍부하여 피부미용과 눈을 보호하여 노화에 의한 시력저하를 늦출 수 있다.

섬유질이 아주 풍부하기 때문에 조금만 먹어도 포만감을 쉽게 느낄 수 있어 다이어트 식품으로 맛도 좋아 많은 사람이 좋아하는 식품이다. 하지만, 아미노산, 무기질, 비타민C가 부족한 곡물이기 때문에 다이어트에는 반드시 우유나 육류로 부족한 영양소를 보충해주는 것이 좋다고 한다.

각종 영양소가 풍부하고 맛이 있어 내가 좋아하는 옥수수를 농사짓는 지인이 있다. 전주 근교로 귀농해서 벌써 십여 년이 지났는데 그가 가꾼 옥수수는 자주색 예쁜 색깔을 띠며 특별히 맛이 일품이다. 평소에는 없어서 못 팔정도로 인기인데 어제는 수확량이 많아 30개들이 옥수수자루가 6자루나 남았다고 하니 봉사하기 좋아하는 남편은 덜컥 그걸 모두 넘겨받아서 퇴근길의 나를 데리러 왔다. 그래서 사무실 냉장고에 두 자루를 넣어 놓고 4자루는 일단 자동차 트렁크에 싣고 집으로 출발했다.

우리 집에는 엊그제 갖고 온 옥수수가 아직 남아 있어 어떻게 처리할까 고민하다 친구 숙이에게 전화하니 퇴근 중이라 했다. 마침 잘 되었다 싫어서 가는 길에 우리 집에 들러 옥수수 한 자루 가져가라고 했다. 차 트렁크를 여니 훈짐이 확 풍겼다. 잘못하다간 옥수수 상하겠다 싶어 또 우리 집 가까이에 사는 수아에게 전화하니 얼씨구나 하고 두 자루를 달라고 했다. 나머지 한 자루는 우리 집으로 가지고 가서 바로 껍질을 벗기고 찜통에 넣고 삶아서 저녁밥 대신 옥수수를 맛있게 먹었다. 찐옥수수 나머지는 내일 사무실로 가져가 직원들과 같이 먹으려고 포장해서 냉장고에 넣어두었다.

오늘 아침에 출근하니 다른 사무실 동료가 우리 사무실에 들렀다. 사무실 냉장고에 보관했던 옥수수 한 자루를 들려 보내니 이제 한 자루밖에 남지 않았다. 오전 업무도 잠깐, 눈 깜짝할 사이 점심시간이 다가왔다. 오전에 내가 삶아 가지고 온 옥수수를 간식으로 먹은 우리 사무실 식구들은 가볍게 국수나 먹자며 근교로 나갔다. 시골할머니 두 분이 운영하는 국수 속에는 호박도 파도 별다른 양념이 보이지 않지만, 그래도 곁들여 나오는 풋고추와 맛 좋은 된장이 어우러져 정말 맛있었다. 덕분에 오늘은 3,000원짜리 국수로 점심을 때운 것이다. 점심을 먹고 돌아와서 옆 사무실 후배에게 전화버튼을 눌렀다.

"맛이 일품이 옥수수 한 자루 가져갈래?"

# 시월의 마지막 밤

오늘은 해마다 어김없이 찾아오는 시월의 마지막 날이다. 80년대 가수 이용이 '잊혀진 계절'이란 노래를 히트시키면서 시월의 마지막 날은 우리에게 잊을 수 없는 특별한 날이 되었다. '지금도 기억하고 있어요. 시월의 마지막 밤을'로 시작하는 가사가 '한마디 변명도 못 하고 잊혀져야 하는 건가요.' 하며 이 곡을 유명하게 만든 가수 이용은 그 당시 정말 한마디 변명도 못 하고 미국으로 떠났다, 그리고 그는 우리에게 잊혀졌지만, 해마다 시월 마지막 날이면 이 노래를 떠올리게 한다.

오늘도 이 노래를 들으며 한껏 분위기를 잡고 흥얼거리는데 전화벨이 울렸다. "시월의 마지막 날입니다. 나 기억하나요?" 전화 속의 주인공은 우리대학 교수로 정년퇴임을 몇 달 앞두고 계시는 분이다. 김제에 농막도 만들어 놓고 취미 겸 소일거리로 농사에 재미를 붙였단다. 언젠가

농장을 구경하고 싶다는 내 말을 기억하시고 11월 14일 점심에 농막으로 초대하니 시간을 비워두라는 전화였다. 그렇지 않아도 지금 '잊혀진 계절'의 노래를 듣고 있다고 하니 한 치의 망설임도 없이 "그러면 같이 불러요. 지금도 기억하고 있어요." 하며 전화 속에서 노래를 부르셨다. 참 유쾌하신 분이다.

점심을 먹고 학교 교정을 산책했다. 어느새 제법 곱게 단풍이 들어서 시월의 마지막 날의 운치를 더해주었다. 전북대학교 상과대학 앞길의 은행나무도 노랗게 물들어가고, 공과대학의 뒷길 단풍나무와 플라타너스 나뭇잎도 울긋불긋 누가 더 예쁜지 뽐내고 있었다. 성질 급한 나뭇잎은 어느새 낙엽이 되어 내 발밑에서 비명을 지르며 그래도 좋다고 바스락바스락 노래했다.

퇴근 후 오늘은 수필수업이 있는 날이어서 평생교육원으로 향하던 내 발길이 나도 모르게 평생교육원 옆에 있는 한국전통문화전당으로 돌려졌다. 며칠 전에 지인에게 시낭송공연이 있다고 초대의 글을 받았지만, 수필수업이 있어 참석하려는 생각은 없었다. 그런데 오늘이 시월의 마지막 밤이어서 그랬을까, 시간이 딱 맞아서였을까, 갑자기 내 발길이 공연장으로 향했다.

어느 시낭송협회의 정기공연으로 '사는 건 겉치레가 아녀'라는 제목의 공연시낭송이었다. 전문시낭송가도 있었고, 지금 낭송을 배우고 있는 사람도 있었지만, 생각보다 다양한 공연으로 눈과 귀를 즐겁게 해주었다. 주옥같은 시어들의 감성이 온몸으로 전해져오는 밤이었다.

이놈아, 정신 차려야 혀

사는 건 겉치레가 아녀

느그 아버지 논바닥 가뭄 든다고

어디 벼농사 쭉정이로 짓더냐

사는 건 겉치레가 아녀

살다 보면 좋은 날 오것제

– 유대준 시인의 〈사는 건 겉치레가 아녀〉 중에서

공연이 끝나고 휴대전화를 열어보니 카톡에 아이유, 다비치, 김정민, 김범수, DBSK, 현철 등 여러 가수가 리메이크해서 부른 '잊혀진 계절'의 노래를 여기저기에서 보내주었다. 음악이 좋아질 땐 누군가가 그리운 거라 했던가? 많은 사람이 아련한 추억을 기억하고 싶고 또 멋진 추억을 만들고 싶어서인지, 아니면 이제는 두 달밖에 남지 않은 올해의 아쉬움이 많아서인지 시월의 마지막 밤을 보내는 데 의미를 두고 싶었나 보다.

공연을 보고 나오니 밤 9시였다. 나는 집까지 천천히 걸으며 깜깜한 밤을 배경으로 지인이 보내준 여러 가수의 '잊혀진 계절'의 노래를 들으며 흥얼거렸다. 잔잔함, 쓸쓸함, 울고 싶은, 울음을 삼키는, 호소하는 듯 가수마다 다른 목소리, 다른 느낌이었다. 이병주가 연주한 색소

폰의 맑고 고운 선율도 참 듣기 좋았다. 목마와 숙녀, 그리운 바다 성산포 등 내가 좋아하는 시 몇 편을 조그맣게 혼잣말로 낭송하면서 누가 보면 정신 나간 사람처럼 아중리에 있는 우리집까지 50여 분을 자기도취에 빠져 걸었다.

오늘은 시낭송공연도 보고, 내가 좋아하는 시도 읊조리고, 지인들이 카톡으로 보내준 '잊혀진 계절'의 노래도 따라 부르며 걸으면서 덕분에 운동도 했다. '언제나 돌아오는 계절은 나에게 꿈을 주지만' 설령 이루지 못할지라도 오늘도 희망찬 내일의 꿈을 꾸면서 시월의 마지막 밤을 행복한 날로 마감했다.

# 100세 시대에 동참을 위하여

직장을 은퇴하고 자유인이 된 지도 벌써 한 달이 지났다. 그동안 거의 밖에 나가지도 않았다. 그리고 어떤 일이나 생각도 하지 않고 그저 일어나고 싶을 때 일어나고 먹고 싶을 때 먹었다. 쉬고 싶을 때 쉬고, 텔레비전 보고 싶을 때 보고, 음악 듣고 싶을 때 들었다.

직장에서는 출근과 동시에 컴퓨터를 켜서 업무를 보고 조금이라도 여유시간이 있으면 인터넷 서핑도 하면서 퇴근 전까지 온종일 컴퓨터를 켜놓고 생활했었다. 이제는 직장업무에서 벗어났다는 기분으로 컴퓨터도 들여다보지 않았다. 쉬고 싶을 때 실컷 쉴 수 있었으면 좋겠다던 희망을 실행에 옮기며 맘껏 쉬고 정말 자유인으로서 자유를 만끽했다. 이제 얼마든지 나만의 시간이 있다는 안도감으로 마음껏 게으름을 피웠다.

오랜만에 컴퓨터를 켜고 그동안 차곡차곡 쌓인 메일을 보면서 한편으로는 내 블로그의 배경음악을 들었다. 감미로운 이 곡들은 내가 젊은 시절 음악다방에 앉아 즐겨 들었던 노래다. 그 시절 엘피판을 올려놓고 들어야 하는 전축은 나에게는 언감생심 꿈도 꾸지 못한 그림의 떡이었다. 음질도 고르지 못한 고물 라디오를 옆에 끼고 야구 중계를 듣거나, 밤이면 그 시절 젊은이들에게 인기였던 이종환의 '별이 빛나는 밤에'를 듣는 것이 크나큰 즐거움이었다.

음악다방에서 친구들과 만나 얘기도 나누면서 멋진 DJ에게 신청곡을 넣어 듣고 싶은 음악을 실컷 들을 수 있는 날은 굉장히 호사스러운 날이었다. 딱히 할 일이나 즐길 일이 많지 않았던 그 시절엔 커피 맛도 제대로 몰랐지만, 지성인인 양 커피 한 잔 앞에 놓고 죽치고 앉아 시간을 보내기에 음악다방은 우리 젊은이들에게는 천국이었다. 컴퓨터를 켜고 내 블로그에 들어와 이 배경음악을 들을 때마다 나는 행복했던 그때를 추억한다.

이제 게으름은 언제든지 피울 수 있는 자유가 주어졌다. 그러니 게으름에 대한 동경은 잠시 접어두고 100세 시대를 위하여 퇴직 후의 인생을 설계해보자. 건강을 위하여 운동은 꼭 해야겠다. 그리고 남은 인생을 적절하게 보낼 나에게 맞는 취미생활도 하나쯤은 만들자. 앞으로는 수입이 줄어드니 우선 지출부터 신경을 써서 돈이 적게 드는 방향으로 프로그램을 짜야겠지. 주위에서 얻어들은 귀동냥을 참고삼아 평생교육학습센터나 동에서 운영하는 주민자치프로그램을 살펴보았다.

월요일과 수요일 오전에 우리 집에서 가까운 동사무소 강당에서 노래교실이 운영되고 있었다. 예전에는 차를 타고 가다 노래가 나오거나 집안일을 할 때 종종 라디오를 크게 틀어 놓고 흥얼거렸는데, 언제부터인지 내 입에서 노래가 나오지 않았고 가요프로도 멀리하게 되었다. 한때는 회식하면 노래방에도 곧잘 갔는데 요즘에는 기억이 아련하다. 이제는 어쩌다 노래를 따라 부르다 보면 난 음치 박치가 된다. 나이가 들어서일까? 우리 몸은 쓰지 않으면 세월과 함께 더 빨리 퇴화되나 보다.

이제부터라도 노래교실에 나가서 노래도 배우고 흥얼거리며 기분을 내야겠다. 그리고 내 몸의 건강을 위한 운동으로 화요일과 목요일 오전은 근처 아파트 지하실에서 실시하는 라인댄스에 참가하여 신나게 춤도 추고 땀에 흠뻑 젖어보자. 이것들은 동에서 주민들을 위하여 무료로 운영하는 프로그램이다. 요즈음은 평생교육 일환으로 많은 기회가 주어지고, 지자체에서도 주민들을 위한 사회복지 차원의 평생교육 프로그램이 잘 되어 있는 편이다. 이제 주민들과 같이 어울리면서 심신의 건강과 대인관계 두 마리 토끼를 잡아보자.

사람이 살다 보면 심신이 고달프고 바쁘다는 핑계로 특별히 신경 쓰지 않으면 여가생활이나 취미생활에 눈을 돌리지 못한다. 더더구나 나는 늦둥이를 비롯하여 네 자녀를 키우며 직장생활을 병행했다. 직장과 가정, 육아에 매달려 운동이나 독서, 공부 등 나를 위한 투자에 소홀했다. 이제 와서 생각하니 좀 더 일찍 깨닫고 노력했더라면 하는 아쉬움이 많다. 이제부터라도 더 나은 나의 미래를 위해 온전히 나 자신을 위한 시간을 선물 받고 싶다.

퇴직하고 시간이 많아지면 우아하게 책을 읽고 글을 써보는 것이 나의 오랜 꿈이었다. 그래서 평생교육원 수필반에 등록하여 습작하기도 했다. 글을 쓰다 보니 더더구나 책을 많이 읽어야겠다는 생각이 들었다. 그래서 앞으로는 독서동아리에 동참하여 책 읽는 습관을 들이고 다른 사람들과 책에 관한 토론도 하여 다양한 지식을 얻어야겠다. 그리하여 내 안의 것들과 주위의 것들, 세상의 이야기를 글로 풀어보자.

이제는 '100세 시대'다. 50세까지를 청년, 70세까지를 장년, 70세 이후를 노년이라 한다면 나는 아직 장년이며 앞으로 남은 30여 년을 여생餘生이라 말할 수 없으리라. 인생 2모작이 아니라 인생 3모작의 준비가 필요한 이유다. 경제활동에는 동참하지 못하더라도 심신이 건강하고 무료한 시간을 보내야 할 적당한 취미생활이 있어야 100세 시대에 동참할 수 있으리라. 자유를 누리되 좋은 생활습관과 건전한 취미생활, 주위 사람들과 좋은 관계를 유지하도록 노력하자. 그리고 건강을 위해 운동도 하고, 내게 주어진 환경을 기꺼이 즐기면서 100세 시대에 동참해야겠다.

# 건망증

3월 26일 토요일, 친구의 아들 결혼식에 참석하느라 아침부터 부산을 떨며 서울행 전세버스에 올랐다. 서울에서의 예식에 참석한다는 것은 휴일 하루를 온전히 내주어야 하고, 허리나 관절이 약한 우리 나이로서는 왕복 6시간 이상을 버스 좌석에 앉아 있어야 한다는 부담이 있다. 하지만, 버스 안에서 나누어준 간식을 먹으며 친구들과 도란도란 담소하며 소풍 가는 기분이어서 좋았다. 제법 쌀쌀한 날씨임에도 햇빛을 안고 달리는 버스 안은 금세 훈훈해졌다.

목사의 주례로 거행된 결혼식의 주례사는 두 가지였다. 첫째, 신랑과 신부는 모두 똑같은 하나님의 자녀라는 것을 생각하라. 둘째, 상대방은 나와는 다른 사람이라는 것을 인정하라. 이것만 기억하면서 살아가면 다 이해가 된다고 했다. 맞는 말이다. 사람들의 외모가 서로 다르듯 성격이 다르고, 생각이나 행동이 다를 수밖에 없다. 이것을 인정하고 상대방을 이해하면 서로 부딪치지 않고 사랑하면서 행복하게 살아갈 것이다, 간결하면서도 분명한 메시지의 주례사였다.

서울에 사는 첫째 딸이 엄마 얼굴이라도 잠깐 보고 싶다며 결혼식이 끝나갈 무렵에 예식장으로 찾아왔다. 반가움에 근처 커피숍에 가서 얘기를 나누며 같은 공간에 살지 못한 아쉬움을 달랬다. 내 눈에는 어디에 내놓아도 빠지지 않는 골드미스인 딸은 언제쯤 결혼한다고 할까? 딸과 짧은 만남의 아쉬움을 뒤로하고 전주로 돌아오는 전세버스에 다시 올랐다.

돌아오는 버스 안이 난방 때문인지 조금 더워서 머플러를 풀고 윗옷을 벗었다. 친구들과 얘기도 나누고, 때론 피곤함에 졸기도 하며 전주에 도착하여 아무 생각 없이 윗옷을 걸치고 버스에서 내렸다. 집으로 향하여 발걸음을 옮기다가 아차! 머플러를 놓고 내린 것을 알았다. 곧바로 버스에 다시 올라가서 찾았지만, 하객은 이미 다 내리고 어느새 머플러는 자취를 감추고 말았다. 4년 전에 둘째 딸이 프랑스로 신혼여행을 갔다가 사다 준 선물이었다. 색감이나 디자인이 맘에 쏙 들고, 나와 동행을 많이 한 애장품이어서 정도 많이 들었다. 건망증이 심한 나는 얼마 전에 바꾼 새 휴대전화에만 정신을 집중하며 머플러 챙기는 것을 잊은 것이다. 집에 돌아와 피곤한 몸이었지만 아쉬운 마음에 잠도 오지 않았다.

잠이 오지 않아 텔레비전을 켜고 '결혼계약'이란 드라마를 보았다. 임신한 몸으로 남편과 사별한 여자주인공은 아이를 낳아 키우면서 열심히 살아가지만, 심각한 병에 걸리고 빚 독촉에 희망이 보이지 않는다. 주인공은 자기가 일하는 레스토랑 사장과 가짜 결혼계약을 맺고, 사장의 어머니에게 간 장기이식에 동의하며 빚을 청산할 기회를 얻는다. 그동안 냉대를 하던 시어머니는 결혼소식에 잘 살라며 화해의 전화를 하고 손녀를 잘 키워달라며 부탁한다. 집으로 돌아가는 버스 안에서 시어머니의 전화를 받던 주인공은 설움에 겨워 울다가 의자에 휴대전화를 놓고 내린다. 버스 차고에 가서 이리저리 버스 안을 뒤지며 휴대전화를 찾았다.

"젊은 사람이 왜 그렇게 정신줄을 놓고 살아?"

지나가던 운전기사가 툭 던진 말 한마디에 주인공은 주저앉아 통곡한다.

"정신줄 꼭 잡고 정말 죽을힘을 다해 살았다고요."

왠지 낯설지 않은 모습이 애잔하여 내 눈에서도 눈물이 흘렀다.

나는 직장에 다니며 3녀 1남을 키우며 큰며느리로서 제사 등 집안 행사까지 다 챙기면서도 가사도우미 한 번 부르지 못했다. 나를 돌아볼 여유도 없이 참 바쁘게 살았다. 자녀들이 성인이 되면서 내게 하나둘 선물로 사준 목걸이, 반지, 장갑, 머플러 등 그럴듯한 액세서리를 지닐 수 있었다. 하지만, 건망증이 심한 나는 그것들을 하나둘 언젠가는 내 손에서 떠나보냈다. 그리곤 몇 날 며칠을 아까워하며 지냈다. 이번에 잃어버린 머플러는 내가 특별히 좋아하는 것이기도 했지만, 딸이 신혼여행 기념으로 사다 준 선물이라서 더 속이 상했다.

이제 물건 잃어버리는 건망증쯤이야 대수롭지 않다. 나는 젊어서부터 사람을 기억하는 것에 특히 약했지만, 나이가 들다 보니 모든 영역에서의 기억력이 자꾸 더 약해진다. 어제 본 드라마 내용이 기억나지 않고, 저녁 모임을 아침에 기억하고도 정작 저녁에는 잊어버리기도 한다. 지인의 이름도 쉽게 잊어버리고, 오랜만에 만나면 잘 알아보지 못해서 상대방에게 미안할 때가 한두 번이 아니다. 이러다 내 가족까지도 알아보지 못할까 두렵다.

더는 건망증이 심해지지 않도록 책을 읽으며 글도 열심히 쓰자, 삶의 틀에 얽매이지 않고 친구들과 자주 만나 수다도 떨고, 같이 여행도 하면서 즐거운 마음으로 스트레스를 멀리하자. 라인댄스, 탁구 등 지속적인 운동으로 땀도 흘리고, 피로가 누적되지 않도록 적당한 휴식과 충분한 수면을 취해 건강을 지키자. 건망증과 치매가 다르다지만 건망증이 심해져서 치매까지 가지 않도록 정신줄을 꼭 잡고 살아야겠다.

# 1987(1)

영화 '1987'을 감상했다. 1987년 초, 서울대학교에 다니던 박종철 군의 고문치사 사건이 있었다.

"책상을 탁! 치니 억! 하고 죽었습니다."

라는 당국의 조직적인 은폐시도에도 불구하고 그 진상이 폭로되었다. 1980년대 전두환 정권에 대한 저항은 이 사건을 계기로 학생들의 시위가 확대되었고, 1987년 6월 항쟁의 기폭제가 되어 민주화운동의 촉매제 역할을 했다. 이 영화를 보고 잊을 수 없었던 나의 1987년을 되돌아보았다.

1987년 전국에서 시위가 계속 일어났다. 그때 당시 나의 직장이 있는 김제에서 시위가 일어나면 그 시위에 대비하려고 우리는 퇴근시간 이후에도 비상근무를 했다. 또한, 시위가 일어날 것이란 정보만 입수되어도 공무원인 우리는 휴일에도 어김없이 비상소집을 당했다.

그해 휴일 어느 날이었다. 남편은 주말농장에서 일했고, 나는 남편에게 가지고 갈 새참거리를 준비하고 있었다. 그때 갑자기 전화벨이 울리고 직장동료는 비상이니 빨리 나오라고 했다. 우리 사무실에는 전주에 사는 직원이 4명이었다. 비상이 걸리면 우아동에 사는 직원이 택시를 잡아타고 김제까지 가는 중간 중간에 한 사람씩 태우고 다 같이 가야 하는 상황이었다. 핸드폰이 없던 그 당시에는 밭에 있는 남편에게 연락할 시간도 방법도 없어 간단한 메모만 남기고 비상소집에 응했다. 밭에서 새참을 기다리다 지친 남편은 혹시 무슨 일이 있나 하고 집에 와서 내가 써놓은 쪽지를 보고 화가 났었나 보다.

우리는 사무실에 모여서 특별한 일 없이 만약의 사태를 위해 대기하고 있었다. 그때 군청 회의실에 다녀온 소장의 얼굴이 붉으락푸르락하며 화난 목소리로 갑자기 여직원들은 집에 돌아가라고 했다. 영문도 모르고 우리는 좋아하며 집으로 왔다.

다음 날 아침에 출근하니 직장 분위기가 이상했다.

"새참을 가져온다던 아내가 연락이 안 되니 무슨 상황이냐? 살림하는 여자를 휴일까지 불러낼 만큼 그렇게 긴급한 상황이 있느냐?"

어제 어느 여직원 남편이 군수실에 항의전화를 했다는 거였다. 그래서 여직원들을 급히 퇴근시켰다는 것이다. 그렇다면 그 여직원이 누구인가에 대한 추리였다. 그 대상은 남편이 농부일 거란 추측이었다. 다행히 우리 남편은 직업이 농부는 아니라 나는 대상에서 빠져 있었다.

나는 속으로 웃으며 아무 말 않고 있었다. 그러나 비밀은 없는 법, 결국 내 남편이라고 밝혀졌다. 그 뒤부터 비상근무를 하면 선배 여직원들이 내게 우스갯소리로 말했다.

"네 남편에게 빨리 군수실에 전화 좀 하라고 해"

1987년 그해는 정말 시위가 격렬했었다. 학생은 물론 시민들도 시위에 가담했고, 최루탄과 화염병이 난무했다. 시위 도중 한꺼번에 연행된 많은 사람의 응급처치를 위하여 우리는 인근 경찰서에 파견 나가서 상처처치를 해주기도 했었다.

그해 6월 '박종철 고문치사 사건 규탄대회' 집회에 참여한 이한열 학생이 최루탄에 맞고 쓰러지는 사고가 발생했다. 박종철 고문치사조작사건과 이한열의 최루탄피격사건은 국민의 분노를 끌어올리며 시민들까지 합세하여 '6월 민주화운동'의 기폭제가 되었다. 서울에서 벌어진 대규모 집회의 열기는 전국 시·군으로 확대되었다. 그리고 엄청난 규모로 빠르게 퍼져나가며 전국적으로 사상최대규모의 시위로 이어졌다. 결국, 집권당인 민주정의당 대표위원 겸 대통령 후보인 노태우는 6월 29일 호헌조치철회와 대통령직선제를 약속하고 '6·29 민주화선언'을 하며 시민에게 굴복했다.

1987년 6월 민주항쟁의 열기는 전두환 정권의 독재에 대항한 정의롭고 용감한 국민의 피땀으로 일궈낸 값진 승리의 열매로 독재에서 민주화로 내딛는 힘찬 발걸음이었다.

이젠 벌써 옛날이야기가 되었다.

# 1987(2)

1987년에는 전두환의 독재와 공안정권에 반대하며 민주주의를 열망하는 학생과 시민의 격렬한 시위가 자주 있었다. 그때의 학생과 시민의 정의감, 열정, 그리고 희생이 지금의 민주주의를 꽃피웠다.

그로 인해 공무원이었던 우리는 비상근무가 참 많았었다. 그해 봄, 어느 날이었다. 그날도 시위로 인해 비상근무를 마치고 밤 10시가 넘어 퇴근하는 길이었다. 전주에 사는 직원 4명이 김제에서 택시를 같이 타고 오면서 중화산동에 살던 내가 제일 먼저 내렸다. 출발하기 전에 남편에게 11시까지 마중 나오라고 전화를 했었는데 택시에서 내리니 아무도 보이지 않았다.

우리 집은 차에서 내려 500m 이상 골목을 걸어가야 했다. 너무 늦은 밤이라 무서웠지만, 잠깐이니까 그냥 가볼까 하고 깜깜한 골목길을

50m쯤 걸어갔을 때였다. 뒤에서 인기척이 나서 뒤돌아보니 중학생 정도로 보이는 남자아이 둘이 걸어오고 있었다. 순간 예감이 이상했다. 난 뒤돌아서 그들과 마주하고 걸었다. 여차하면 50m 앞에 있는 약국으로 달려가 문을 두드리려고 그들을 살피며 걸어갔다. 그들은 아무 일 없다는 듯 자기들끼리 이야기하며 나를 그냥 지나쳤다.

약국 앞에 있는 공중전화로 집에 연락할까 하고 망설이다가 조금만 걸어가면 되니까 그냥 뒤돌아서 다시 집으로 향했다. 다시 100m쯤 걸어갔을 때였다. 그들은 앞에서 나를 기다리고 있었다. 순간 나를 담벼락으로 밀치더니 가지고 있는 돈 다 내놓으라고 협박했다. 내가 망설이자 그들은 공터로 끌려가서 맞아 보려고 그러느냐며 30cm 정도 되는 막대기를 휘둘렀다. 내가 서 있는 담벼락은 마을 초입에 있던 공장이었고 공장 맞은편에 공터가 있었다.

내가 핸드백에 손을 넣는 순간 신문지로 싼 120만 원 현금다발이 뭉툭하게 손에 잡혔다. 그날 낮에 돈이 필요해서 은행에서 찾은 돈이었다. 그 와중에도 아까워서 그 돈은 내놓을 수가 없어 다시 가방 속을 뒤지니 조그만 수첩이 잡혔다. 나는 평소에 그 수첩 양쪽에 현금을 넣어 두는 습관이 있었다. 수첩을 꺼내서 보니 한쪽에서 만 원권, 다른 한쪽에서 오천 원권과 천 원권이 나왔다. 그들에게 주니 호주머니에 있는 것도 내놓으라고 했다. 양쪽 호주머니에서 천 원짜리 몇 장이 더 나왔다. 모두 합하면 5~6만 원 정도 되는 것 같았다. 그들은 그 돈으로 만족한 웃음을 지었다. 그리고 앞에 가면 우리 친구가 또 있을 테니 만나면 이미 털렸다고 얘기하면 된다고 엄포를 놓고 나를 보내주었다.

나는 몸이 덜덜 떨리고 발걸음이 떨어지지 않았다. 휘청휘청 쓰러질 듯 겨우 걸어서 우리 집 가는 길의 중간에 있는 마을회관 앞까지 갔다. 회관 문을 세차게 두드리자 주무시던 마을 할아버지 한 분이 나오셨다. 자초지종 얘기를 하며 도저히 집까지 갈 수가 없다고 말하니 할아버지가 나를 우리 집까지 데려다주었다.

집에 도착하니 남편은 자고 있었다. 나의 전화를 받고 20분 정도 여유가 있다고 생각하고 잠깐 누워 있다 나가려고 했던 것이 피곤함에 깜빡 잠이 들었단다. 남편은 내 사정 이야기를 듣자마자 차를 몰고 나가 동네 골목을 다 뒤졌으나 그들의 그림자도 보이지 않았다. 파출소에 신고해서 경찰이 며칠간 잠복근무도 했었지만, 그 뒤 아무 소식도 듣지 못했다. 경찰차를 다 보이는 마을 공터에 주차하고 단속하고 있었으니 그들이 나타날 리 만무했다.

그들이 내 핸드백을 직접 뒤지지 않고 나에게 내놓으라고 한 덕에 다행히 120만 원은 건졌지만, 그리고 큰 봉변은 당하지 않았지만, 그 후유증으로 나는 노이로제에 걸렸다. 깜깜한 밤길은 무서워서 혼자 다닐 수가 없었다. 대낮에도 길에서 그만한 아이들을 보면 무서워 움찔거렸다. 그리고 버스를 탔을 때 내 주위에 또 그만한 아이들이 있으면 다음 정거장에서 내리곤 했다. 그런 스트레스가 3년 이상 갔다.

1987년, 그때 나는 공무원이라 대놓고 시위에 직접 참여하지는 못했다. 하지만, 시위하다 다친 사람들이 온몸에 뒤집어쓰고 온 최루탄 냄

새에 눈물, 콧물 흘려가면서 상처를 처치했던 비상근무의 추억이 아직도 또렷하다. 그리고 민주주의를 열망하며 외쳐대던 그때가 작년의 박근혜 대통령 탄핵의 촛불집회와 오버랩 되어 떠올랐다.

# 자동차 운전

자가용 승용차가 그리 많아지기 전인 1986년에 나는 갑자기 자동차 운전이 배우고 싶었다. 그래서 직장에서 그리 멀지 않은 곳에 있는 운전학원에 등록해서 점심시간에 식사를 거르고 운전을 배웠다.

학원에는 운전교육을 담당하는 기사가 2명이 있었다. A 기사가 나를 가르쳤는데 '이렇게 해라, 저렇게 해야 한다. 왜 그렇게 하느냐' 등 불친절한 목소리로 어찌나 잔소리가 심한지 배우는데 기분이 상했다. 나는 학원장에게 기사를 교체해달라고 요구했다. B 기사는 내가 조금만 잘해도 잘한다고 칭찬해주며 정말 친절하고 재미있게 가르쳤다. 덕분에 난 쉽게 운전면허를 취득할 수 있었다.

내가 운전을 배울 때는 당장 필요해서가 아니었다. '미리 배워두면 언젠가는 써먹지 않을까?' 막연히 생각하고 배웠다. 그런데 시아버님께서 내가 운전면허를 취득했다는 소식을 듣고 자동차를 선물로 사 주신다고 하셨다.

"아이들 데리고 외출할 때, 시장 보고 무거운 짐 들고 올 때 등 자동차는 여자가 더 필요한 거다. 네가 운전면허증을 취득했다니 대단하다. 차를 사줄 테니 유용하게 잘 타고 다니거라. 네 사주가 자동차와 잘 맞는다고 하더라."

'유비무환' 나는 그 무렵 내가 통근차를 기다리는 곳에 자주 주차되어 있던 빨간색 자동차의 예쁜 모습에 반해 있었다. '만약 내가 차를 가진다면 이 멋진 차를 운전하고 싶다.'고 생각하고 있었는데 그렇게 빨리 차가 생길 줄 몰랐다. 나는 아버님께 이왕이면 그 빨간색 자동차를 가지고 싶다고 했다.

차가 생겼으나 도로주행을 해보지 않은 나는 실전연습을 남편에게 부탁했다. 그러나 남편은 내가 못 미더웠는지 도무지 가르쳐줄 생각이 없는 듯했다. 나는 '안 가르쳐 주면 나 혼자 연습하지 뭐!' 하며 저녁을 먹고 집에서 살짝 빠져나와 자동차에 올랐다. 운전연습 때와 똑같이 가속페달을 밟는데 묵직하니 차가 앞으로 나가지 않았다. 조금 더 세게 밟으니 갑자기 차가 휙 나갔다. 순간 멈추지 못하고 반대편에 주차된 트럭의 옆구리를 받았다. '쿵' 소리에 아파트 창문들이 열리며 많은 사람이 이 광경을 구경했다. 나는 창피해서 어쩔 줄 몰랐다. 내 차는 대우 '르망'이었는데 내가 자동차 학원에서 운전연습을 했던 현대 '포니'보다 훨씬 묵직했다. 당연히 가속 페달을 밟는 감각이 다를 수밖에 없다는 걸 몰랐다.

그 사건 이후 남편은 어쩔 수 없이 내게 운전을 가르쳐주었다. 그때 당시 중화산동 택지개발을 할 때였는데 건물은 아직 들어차지 않았고, 반듯반듯하게 만들어진 한적한 도로에서 운전 연습하기에 안성맞춤이었다. 남편의 잔소리도 들어가면서 몇 번 연습하고 나니 자신감이 생겨 쉽게 운전할 수 있었다.

그 예쁜 빨간 자동차와 아이들이 초, 중등학교를 마칠 때까지 10년을 같이 했다. 그 차를 떠나보낼 때 나와 세 딸은 눈물을 머금을 정도로 깊은 정이 들었었다. 뒤를 이어 IMF가 와서 기아자동차가 부도 위기에 몰렸을 때 30% 할인해서 하얀색 크레도스와 인연을 맺어 또 10년을 같이했다. 지금은 2005년에 마련한 아이보리 투톤의 오피러스를 타고 있다. 이 차 또한, 내가 그 멋진 외모에 반해서 구매하게 되었는데 외양만 예쁜 게 아니라 모든 것이 내 맘에 쏙 들었다. 벌써 나와 동행한 지가 13년이 되어서 여기저기 잔병치레를 조금씩 하지만, 나와 가족을 안전하고 편하게 태우고 다니는 사랑스러운 오피러스와 정을 뗄 수가 없어 아직도 내 곁에 두고 있다.

나는 세 딸이 운전할 수 있는 연령만 되면 바로 학원에 등록해주고 운전을 배우게 했다. 운전면허증을 받아오는 그날 바로 딸들에게 도로주행은 내가 직접 가르쳤다. 그리고 차를 같이 타고 갈 때는 잘할 수 있을 거라는 믿음으로 딸들에게 운전을 맡겼다.

아들은 운전학원도 다니지 않고 나에게 잠깐 배우고 2종 운전면허증을 받았다. 면허증을 받던 날 면허시험장에 같이 간 아버지를 태우고 집까지 스스로 운전해서 돌아왔다. 아들은 군대에 가서 1종 운전면허증에 다시 도전하여 1박 2일 자격증 특별외박을 나왔다. 특별외박을 목적으로 학원도 다니지 않고 용기 있게 대형 운전면허증에도 도전했다. 열 번까지 시도하면 되지 않겠느냐며 한 번도 잡아보지 않은 버스 운전을 세 번째 시도에 합격했다. 그리하여 또 2박 3일 자격증 특별외박을 받았다.

어렸을 때 유난히 자동차를 좋아했던 아들의 운전솜씨가 좀 남다르다. 딸들이 다 우리 곁을 떠나 멀리 있어서 이제 운전은 주로 아들이 맡는다. 자녀에게 일찍 운전을 배우게 하고, 또 믿고 맡기니 조금은 운전에 부담을 느낄 나이의 부모인 우리가 참 편하고 좋다.

나는 운전을 배우면서 좋은 깨달음 한 가지를 얻었다. 무엇이든 가르치는 사람은 실력도 중요하지만, 가르치는 기술이나 방법이 좋아야 한다. 꾸중이나 비난보다는 칭찬이 앞서야 한다. 꾸중으로 의욕을 꺾지 말고, 잘할 수 있을 것이라는 믿음을 갖고, 칭찬으로 기를 살려서 희망의 불씨를 훨훨 타오르게 만들어야 할 것이다.

# 자동차 사고

20여 년 전의 일이다. 점심시간에 차를 운전하고 외출하는 길이었다. 오거리에서 좌회전하는데 뒤에 따라오던 차가 내 차의 뒤꽁무니를 받았다. 깜짝 놀라 차에서 내리는 순간 얼굴이 찡그려졌으나 차를 살펴보니 번호판이 약간 찌그러졌을 뿐 차 범퍼는 손으로 문지르니 괜찮았다. 상대 운전자를 보고 몸은 괜찮으냐고 물으니 당황해하면서 괜찮다고 했다. 나도 괜찮으니 그냥 가라고 하고 그 자리를 떠났다.

점심을 먹고 사무실에 들어가니 어딘가 낯이 익은 사람이 다가왔다. 대학병원에서 파견 나온 인턴인데 점심시간에 내 차와 충돌한 그 차의 운전자였다. 그 의사는 아까는 정말 고마웠다며 환하게 웃으며 말했다. 나는 하마터면 큰일 날 뻔했다며 안도의 숨을 내쉬었다. 내가 만약 화를 내며 따졌다면 일주일 동안 같이 근무해야 하는데 서로 얼마나 민망했을까? 요즘은 뒤에서 차를 받으면 앞차에 탄 사람은 목덜미나 허리를 잡고 나오기 십상이고, 아프지 않아도 병원행인 경우가 허다하다. 자동차 보험이 후하게 처리해 주기 때문이다.

아이들이 어렸을 때 우리 가족은 부안 채석강으로 가끔 놀러 가곤 했다. 신기한 채석강도 구경하고, 하얀 모래를 밟으며 물장난도 치고, 동산에서 공놀이하고 놀면 딸이 셋인 우리 가족이 즐기기엔 참 좋은 장소였다.

어느 해 어린이날도 채석강에서 신나게 놀고 돌아오는 길이었다. 내가 운전하는 차에 남편이 내 옆에 타고 딸 셋은 뒷좌석에 타고 있었다. 모두 피곤했는지 차 안에서 스르르 잠이 들었다. 덩달아 운전자인 나도 모르게 깜빡 졸았나 보다. 갑자기 차바퀴가 자그르륵 자갈길을 밟는 소리에 정신이 번쩍 들었다. 눈을 뜬 순간 내 차는 중앙선을 넘어 반대편 인도를 밟으며 도로 아래로 추락하기 직전이었다. 순간 정신을 차리고 급하게 핸들을 오른쪽으로 꺾으며 빠져나오는데 마주 오는 버스가 저만치 보이는 게 아닌가. 망설일 틈도 없이 주행차도로 넘어왔고 간발의 차이로 버스와의 충돌을 막을 수 있었다. 당황해서 빠져나오느라 차체가 많아 흔들렸다. 그 충격으로 가족들도 잠에서 깨어났다. 나는 차가 안전하게 내 차선으로 복귀하고 나서야 온몸이 떨리기 시작했다. 진정할 수가 없어 차를 갓길에 세우고 운전대를 남편에게 넘겼다.

그때는 인도가 따로 구분된 게 아니었다. 겨우 사람 한 명이 다닐 수 있을 정도의 자갈길을 인도로 사용하고 있을 뿐이었다. 내 차가 중앙선을 넘어 반대편 차도의 자갈길을 밟고 있었고, 단 몇 초만 늦었어도 도로 1~2m 아래 논으로 추락할 상황이었다. 그리고 내가 졸면서 반대 차도로 넘어가는 사이 반대편에서 차가 왔더라면 일가족 대형참사로 이어질 상황이었다. 또한, 몇 초만 늦었어도 내가 역주행 상황에서 주행차도로 빠져나올 때 마주 오는 버스와 충돌할 수도 있었다. 지금도 그 광경이 생생하게 잊히지 않는다. 하느님이 보우하사 정말 운이 좋았다고 생각하며 감사함을 잊지 못한다.

며칠 전, 머리 염색을 하고자 미용실에 갔다. 염색약을 막 바르려고 하는데 전화벨이 울렸다.

"엄마 교통사고 당했어요. 나는 다치지 않았으니 걱정하지 마시고 자동차보험회사 전화번호 좀 알려주세요."

미세먼지가 많은 날이어서 평소에 오토바이를 타고 다니던 아들에게 내 차를 타고 가라고 했는데 아들에게서 온 전화였다. 염색약을 바르기 직전이라 부랴부랴 택시를 타고 사고 현장으로 달려갔다.

한창 개발하고 있는 에코시티의 아파트건축 차량이 복잡하게 드나드는 곳이었다. 아들은 에코시티 외곽으로 들어갔는데 공사로 인해 길이 막혀 되돌아 나오는 길이었다. 삼거리에서 우회전하려고 하는데 오른쪽 도로에서 좌회전하려던 덤프트럭의 이상한 운전을 보고 일단 멈췄다고 했다. 그러나 트럭은 어쩐 일인지 브레이크도 밟지 않고 아들에게 돌진했다. 덤프트럭이 결국 역주행을 한 상황이었다. 아들은 천만다행으로 다치지 않았지만, 우리의 예쁜 차는 앞부분이 처참하게 뭉개져 있었다.

나는 아들을 '베스트 드라이버'라고 믿고 거리낌 없이 운전을 맡기곤 했는데 상대방의 일방적인 과실로 올해 두 번이나 사고를 당했다. 정말 나만 잘한다고 사고가 나지 않는 건 아니었다. 두 번 다 아들은 크게 다치지 않아 불행 중 다행이었다.

우리 가족과 13년을 함께한 정든 차와 아직은 헤어지기 싫었지만, 결국 폐차로 결정이 났다. 앞으로 잘 달래 가면서 5년 정도 더 타고 폐차시킬 때가 되면 나도 자동차 운전을 졸업하려고 했었다. 그러나 지금 운전을 졸업하기에는 너무 빠르고 어쩔 수 없이 차를 다시 구매해야 하는 상황이 되었다.

이번 사고를 당하고 보니 역시 차는 튼튼해야 하겠다는 생각이 들었다. 차의 앞부분이 조금만 짧았다면, 차체가 덜 튼튼했다면, 폐차를 시킬 만큼 대형사고로 하마터면 아들이 압사당할 뻔했다. 생각만 해도 아찔했다. 나는 그동안 곁을 지켜 준 내 차와 똑같은 차를 사고 싶었다. 내가 찾는 차는 이미 단종 된 제품이어서 중고차가 많지 않았지만, 우선 디자인이 맘에 들고 별 말썽 없이 13년을 나와 가족을 잘 지켜준데 대한 감사함과 차량 유지비를 생각하며 아들에게 '아이보리 투톤에 LPG를 사용하는 오피러스 중고차'를 구매하고 싶으니 알아보라고 했다.

아들은 인터넷을 검색하고 원하는 조건에 맞는 차가 서울과 부산에 있다고 했다. 부산에 있는 차가 사고이력도 없고 외양과 내부 모두 깨끗해 보인다며 먼저 부산에 가보자고 했다. 아침 일찍 고속버스를 타고 부산에 있는 중고차판매센터에 갔다.

중고차지만 멋진 국산차와 수입차들이 새 주인을 기다리며 빼곡하게 진열되어 있었다. 우리가 목표로 한 오피러스도 유난히 반짝이며 자태를 뽐내고 있었다. 차 안을 들여다보니 내부도 새 차처럼 깨끗했다. 나와 아들이 교대로 시험운전을 해봤으나 상태도 양호했다. 모든 게 맘에 들었지만, 연식과 비교해 좀 비싼 편이었다. 이왕 간 김에 다른 차도 구경하며 비교해보기도 했다.

'금강산도 식후경'이라고 일단 근처의 음식점에서 부산의 유명한 돼지국밥으로 점심식사를 하고, 카페에 앉아 커피를 마시면서 천천히 생각했다. 조금 비싼 편이지만 어디를 가도 이렇게 내가 원하는 조건과 내 맘에 드는 차가 없을 것 같았다. 주행거리도 년식에 비해 적었고 차 상태가 좋으니 구매하기로 했다. 13년 지기 나의 애마가 나에게 연결해주었다고 생각하며 새로운 나의 애마를 운전하고 전주로 향하는 길은 기분이 날아갈 듯 좋았다.

자동차를 운전하고 다니다 보면 크고 작은 접촉사고도 당하고 위험한 순간순간을 많이 겪는다. 나도 30여 년을 운전하면서 크고 작은 사고를 여러 번 당했지만, 다행히 운이 좋아 몸은 다치지 않았다. 운전은 나 혼자만 잘한다고 안전하지 않다. 운전은 서로 조심, 또 조심해야 한다.

# 제 5 부

# 내가 간 뒤 한 시간만 있다 오너라

# 직박구리새의 지극한 모성애

직박구리새 한 마리가 이른 아침부터 문도 열지 않은 꽃집 앞에서 서성인다. 잠시 후 꽃집 문이 열리자마자 재빨리 안으로 들어가 아기새에게 먹이를 준다.

토요일 오전, 텔레비전 '동물농장'에서 본 장면이다. 아주머니가 서울 한복판 가로수 위의 둥지에서 인도에 떨어진 아기새(초롱이)를 주워서 꽃집으로 데려왔다. 그다음 날 어떻게 알았는지 어미새가 꽃집으로 날아와 초롱이에게 먹이를 주기 시작했다. 어미새는 사람이 옆에 있는 것도 아랑곳하지 않고 초롱이에게 먹이를 주었다. 이렇게 어미새는 하루에도 몇 번씩 벌레나 열매를 입에 물고 꽃집에 날아와 초롱이에게 먹이를 주었다.

일주일 정도 지나자 어미새는 입에 물고 온 먹이를 바로 주지 않고 비행시범을 보이며 초롱이를 밖으로 유인했다. 초롱이는 날 수 있을 만큼 성장했지만 날지 못했다. 이상하게 여긴 동물농장 제작팀이 전문가에게 의뢰해 정밀검사를 받으려고 새장 속의 초롱이를 병원으로 데리고 가는 길이었다. 이때, 어딘가에서 지켜보던 어미새가 날아와 새장 안의 초롱이에게 마지막이 될지도 모를 먹이를 안타까운 모습으로 입에 넣어주었다. 그리고는 나뭇가지에 앉아서 초롱이가 보이지 않을 때까지 지켜보며 구슬피 울어댔다.

검사 결과 초롱이는 비행하는 데 결정적인 역할을 하는 날개깃 3개가 부러졌고 이식도 할 수 없을 정도로 썩어들어가서 자연적으로 다시 날개깃이 나기를 기다릴 수밖에 없었다. 이후 어미새는 5일 동안 꽃집에 나타나지 않았다. 새끼를 한 번 떠난 어미새는 야생동물의 습성상 다시 돌아오지 않는다고 한다. 그래서 초롱이는 야생에 적응하기 위해 꽃집을 떠나 조련사에게 훈련을 받았다.

며칠 뒤 아기새가 꽃집으로 돌아오자 다시는 돌아오지 않을 거란 야생의 법칙과 상식을 깨고 어미새가 꽃집으로 다시 찾아와 초롱이에게 먹이를 주었다. 이번에도 어미새는 초롱이를 데리고 가려고 간절하게 비행을 시키려 하지만, 부러진 날개가 다 자라나지 않았고, 비행이 미숙한 초롱이는 성큼 따라나서지 못했다. 포기하지 않고 초롱이가 날기를 애타게 기다리는 어미새의 간절함에 드디어 초롱이는 용기를 내어 힘찬 날갯짓을 하며 꽃집 문 위를 딛고 도로 위의 전깃줄로 날아올랐다. 다시 어미새가 4차선 도로를 가로질러 가로수 위로 날아가자 초롱이는 안타깝게 날갯짓을 해보지만 망설인다. 하지만, 결국 용기를 내어 어미를 따라 4차선 도로를 가로질러 그리운 보금자리인 나무 위로 날아올랐다. 어미새는 안전하게 나뭇가지에 착지한 초롱이의 주둥이에 감사와 환희의 뽀뽀를 퍼붓는다. 정말 가슴 뭉클한 감동적인 장면이었다.

아기새를 떠난 어미새가 다시 돌아온 것은 기적이었다. 그리고 아직 부러진 깃털이 다 자라지 않은 몸으로 아기새가 어미새를 따라 날아간 것도 모두 기적이었다. 둥지에서 땅에 떨어진 그 순간부터 함께 하늘을 나는 그 순간까지 어미새는 새끼를 포기하지 않았다. 그 어떤 고난과 풍파에도 어미새의 깊은 모성애가 불가능을 가능으로 만든 것이다.

직박구리새는 도시에서 흔히 볼 수 있는 야생텃새다. 아무리 도시에 사는 텃새라도 사람과 1m 이내로 접근하지 않는 게 새들의 습성이라 한다. 그리고 홀로서기를 할 수 있는 15일 정도가 지나면 더는 새끼를 돌보지 않는다고 한다. 그러나 이 어미새는 사람이 바로 옆에 있어도 아기새에게 먹이를 주려고 거침없이 다가와 먹이를 주었다. 그리고 꽃집의 문이 열리기 전 아침 일찍부터 찾아와서 문이 열리기가 무섭게 날아들어 아기새에게 먹이를 주었다. 아기새가 날 수 있을 때까지 포기하지 않고 끈기 있게 기다리며 인도하는 어미새를 보고 요즘 우리 사회에서 일어나고 있는 비정한 부모들의 이야기를 떠올리지 않을 수 없었다.

생후 7개월 된 친딸을 60만 원에 팔아넘기는 아빠, 불륜관계인 남성과의 사이에서 생긴 딸을 태어난 지 하루도 안 되어 성당 앞에 버린 엄마, 4개월 된 아이를 두 번이나 버리고 출생신고와 사망신고를 동시에 하려고 알아보았다는 엄마 등, 자식을 버리는 파렴치하고 비정한 인면 수심의 부모 이야기가 끊임없이 들려온다.

힘없는 어린 자녀를 학대하는 부모의 아동학대도 많다. 울산과 칠곡 계모사건에서 계모는 물론 말할 것도 없지만, 친아버지마저 같이 학대하거나 묵인해서 자녀를 사망에 이르게 했다. 우리는 그 사건에서 큰 충격을 받아 할 말을 잃었다. 아동학대는 이제 더는 없어야 한다고 성토했지만, 지금도 아동학대는 끊이지 않고 일어난다. 네 살배기 친딸을 무자비하게 때려서 숨지게 하고는 넘어져서 다쳤다며 보험금을 타내고, 두 살배기 둘째 딸에게도 폭행을 일삼았던 비정한 아빠도 있었다.

멀리 미국에서는 자기 아들에게 치사량의 소금을 먹여 사망하게 한 엄마도 있다. 이 엄마는 평소 자신의 블로그와 페이스북 등에 병든 아들의 사연을 담은 육아일기를 여러 차례 공개하여 화제가 되었다. 아들을 향한 절절한 모성애는 세계 네티즌의 마음을 울리고 착한 엄마로 불렸으며 파워블로거로 유명세를 치르기도 했다니 더 놀라지 않을 수가 없다.

자신의 자녀를 버리고, 죽음에 이르게까지 하는 아동학대의 뉴스를 종종 접하는 현실에서 이 조그마한 직박구리 어미새의 지극한 모성애를 보니 진한 감동이 일었다.

부모와 자식은 천륜이다. 천륜을 저버리는 금수보다 못한 비정한 부모가 생기지 않도록 우리 모두 가족과 이웃에게 따뜻한 관심과 사랑을 베풀어야겠다. 그리하여 힘없는 아동을 버리거나 학대하는 일이 이 땅에서 다시는 일어나지 않았으면 좋겠다.

# 동굴의 기적을 만든 사람들

2018년 6월 23일, 태국 치앙라이주의 '무 빠'(야생 멧돼지)팀, 유소년 축구단원(11세~16세) 12명은 훈련이 끝나고 코치 엑까뽄 찬따웡의 안내로 1시간 정도 '탐루엉 동굴' 탐험에 나섰다가 실종되었다. 그들의 부모가 이날 밤에 실종신고를 했고, 동굴 입구에는 아이들이 타고 간 자전거와 소지품이 놓여있었다.

아이들은 폭우로 갑자기 불어난 빗물이 동굴에 유입되면서 수위가 상승해 동굴 안에 갇힌 것으로 추정했다. 이들을 구출하기 위해 태국은 물론 미군 인도태평양사령부 소속 구조대원 30여 명, 영국 동굴탐사 전문가, 중국 동굴구조전문가 6명, 필리핀과 미얀마, 라오스 구조대도 수색에 동참했다.

조난된 아이들의 위치를 알아내기 위한 수색이 집중되었으나 깊숙하고 복잡한 동굴 구조와 계속 차오르는 수면 탓에 일주일간 성과를 내지 못했다. 동굴 속에 생존해 있을 아이들을 위해 물, 음식, 약, 횃불로 가득 찬 물품상자를 그들에게 전달되기를 바라면서 동굴의 균열 속으로 떨어뜨리기도 했다. 또한, 산소공급을 위해 물을 계속 빼내면서 수색하던 중 10일째 되던 7월 2일, 비좁은 통로와 흙탕물을 뚫고 아이들이 고립된 곳까지 도달하는 데 성공했다. 동굴 속 깊은 곳의 바위에 웅크리고 앉아 있는 아이들 역시 무사하다는 것을 확인했다.

13명의 생존을 제일 먼저 확인한 영국의 동굴탐사 전문가 2명을 보고 아이들은 울먹이는 목소리로 "감사합니다"(Thank you)라고 외쳤다. 식량도 없고 빛 하나 없는 어두운 동굴에서 열흘간이나 모두 안전하게 생존해 있다는 게 정말 기적 같았다. 동굴에 있는 동안 한 친구의 생일파티를 하고 남은 과자 조금과 종유석에 맺힌 물방울을 먹으며 열흘을 참고 버틴 아이들이었다. 여기에는 25세의 코치 '엑까뽄'의 희생적인 지도력이 뛰어났다고 할 수 있다.

고립된 기간 소년들을 보호했던 엑까뽄 코치는 계속 밀려드는 빗물을 피해 소년들에게 높은 지대의 바위 위로 올라가게 했다. 조금 지니고 있던 음식을 본인은 먹지 않고 소년들에게 조금씩 먹도록 하며 만약에 일어날 사태에 대비했고, 오염된 빗물 대신 종유석에 맺힌 물을 받아먹도록 했다. 아이들과 같이 명상을 통해 육체적 소모와 정신적 안정을 도모해 아이들이 잘 버틸 수 있도록 통솔력을 발휘했다.

일단 아이들의 생사는 확인했으나 구조가 문제였다. 이들이 갇힌 곳은 입구에서 5km가량 떨어진 곳으로 전문 잠수부들조차 음식과 의약품을 들여가기도 쉽지 않은 상황이었다. 잠수경험이 없는 일반인들이 이곳을 빠져나올 수 있을 것으로 단언하기도 어려워 바로 구조하기 힘들었다.

며칠 뒤 다시 비가 내린다는 예보가 있고, 태국 날씨가 우기여서 앞으로 비가 계속 내리면 구조하는 데 몇 개월이 걸릴 수도 있는 상황이었다. 만약 수위가 다시 높아지면 생존자들이 얼마나 더 동굴 안에 머물러야 할지 예상하기 어렵기에 구조 활동이 빨리 진행되어야 했다. 세계 곳곳에서 잠수부들과 자원봉사자들이 날아왔고, 동굴탐사 잠수부이기도 한 호주의 의사 '리처드 해리스'가 잠수를 하여 동굴 안으로 들어가서 이들의 건강을 점검하며 아이들이 다 구조될 때까지 동굴 안에 같이 머물렀다.

태국 정부가 이들을 구조하기 위한 계획을 내놓았다. 다시 큰 비가 내려 동굴 안의 수위가 높아지기 전에 최대한 동굴 안의 물을 빼내고, 불가피하게 잠수를 해야 할 상황에 대비해 수영할 줄 모르는 아이들에게 간단한 잠수 훈련을 시킨다는 게 핵심이었다. 아이들이 잠수하는 상황을 최소화하기 위해 일단 동굴 안에 고인 물을 최대한 빼낸다는 계획이지만, 구조대원의 근접 동행이 불가능한 일부 구간에서는 아이들이 스스로 잠수장비를 착용하고 한 사람씩 빠져나와야 했다. 동굴 안은 좁다란 물길을 통해서만 접근할 수 있는 상황이고, 이마저도 진흙과 모래로 막혀있는 구간이 많아 흙탕물로 시야 확보도 어려웠다. 건강한 전문잠수부가 6시간을 헤엄쳐야 도달할 수 있는 거리다. 체력을 회복한다고 하더라도 심적인 부담감을 이겨낼 정신력도 필요했다.

구조작전은 태국 해군과 전 세계에서 날아온 잠수전문가에 의해 공동으로 시행되었다. 해군특수부대 잠수부였던 태국공항공사 보안요원 '사만 푸난'은 소년들이 동굴에 갇혔다는 소식을 듣고 구조대원으로 자원하였다. 그는 지난 6일 구조활동 중 동굴 내 3번째 공간에 산소 탱크를 전달하고 돌아오던 길에 산소 부족으로 의식불명 상태에 빠져 병원으로 이송된 뒤 숨지기도 해서 안타까운 일도 있었다.

아이들을 발견한 지 6일째인 7월 8일, 드디어 본격적인 구조 활동이 전개되었다. 동굴에 들어갔던 의사 해리스가 아이들의 건강 상태를 검사하여 구조 순번을 정했고, 구조대는 잠수부 팀을 투입해 12명의 아이 중 4명을 우선 구조하는 데 성공했다. 11일에 최대 52㎜의 폭우가 내린다는 예보가 있자 그 전에 모두 구조하기로 하였고, 9일에 4명, 10일에는 마침내 모든 아이와 코치가 동굴에서 빠져나왔다. 구조 과정에서 생존자 1명당 2명의 구조대원이 동반해 길잡이 역할을 했다. 잠수장비를 소년 등에 착용시키고 동굴의 수몰된 부분을 잠수 시켜 지상으로 데리고 나왔다. 아이들은 30분 정도 스스로 잠수도 잘 해냈다. 수색 작업에 참여했던 벨기에 잠수부 '벤레이머넌트'는 "이들은 정신적으로 안정된 상태라며 다행히 엑까뽄 코치가 아이들을 다독여 함께 뭉칠 수 있게 했고, 이것이 결국 아이들을 구했다"고 말했다.

엑까뽄 코치는 '타이루(Tai Lue)'로 알려진 동남아시아의 소수족 출신으로 보육원에 있다가 10살 때 승려가 됐지만, 병든 할머니를 간호하기 위해 승려를 그만두고 축구팀 보조코치로 일했다. 엑까뽄과 방을 같이 쓴 적이 있었던 한 승려는 "엑까뽄은 트레킹을 갈 때 항상 칠리페이스트와 쌀을 가지고 다녔다. 우리는 며칠 동안 정글 속을 트레킹하곤 했다."고 말했다. 동굴에서 아이들을 돌보느라 건강이 제일 좋지 않은 엑까뽄 코치를 먼저 구조하려 했지만, 그는 사양했고, 아이들을 다 내보내고 가장 마지막으로 동굴 밖으로 나와 태국의 '국민영웅'으로 칭송받았다.

국제축구연맹은 이들 '무 빠' 팀을 7월 15일에 열리는 월드컵 결승전에 초대하기도 했지만, 이들의 건강이 회복되지 않아서 참석하지 못했다. 영국 유나이티드 축구단의 초청이 있었지만, 엑까뽄 코치와 소년 3명이 무국적 난민으로 외국에 나가지 못하는 상황인 것이 알려지면서 태국정부가 이들에게 국적을 부여하기로 했다. 세계적으로 해결해야 할 어려운 난민문제가 이번 일로 갈 곳 없는 난민들의 삶에 전 세계가 관심을 가지는 데 영향을 미치기도 했다.

18일간 전 세계가 초조하게 가슴 졸이고 무사히 구출되기를 기원하며 지켜보는 가운데 용감한 소년들과 헌신적인 코치, 태국당국과 세계에서 달려온 구조대원, 자원봉사자들이 함께 만들어낸 기적이었다.

그들의 구조 소식을 들으면서 가슴 훈훈하고 아름다웠지만, 한편으로는 바닷속으로 침몰하는 선박 안의 수많은 아이를 버리고 먼저 탈출하는 선장과 선원들의 장면이 떠오르면서 비겁한 어른들 때문에 많은 아이가 희생당하고 끝내 돌아오지 못한 세월호사건과 극명하게 대비되어 가슴이 저몄다.

'기적은 주어지는 것이 아니라 만들어가는 것이다'를 일깨워주는 '동굴의 기적'에서 얻은 교훈을 우리는 잊어서는 안 되리라.

# 영화 '님아, 그 강을 건너지 마오'를 보고

일요일이다. 아침에 일어나자마자 남편에게 오늘 시간 있으면 오후에 같이 영화를 보자고 했더니 남편도 좋다고 했다. 어제 결혼식 참석차 인천으로 가는 대절버스 안에서 친구들이 추천해 준 영화, '님아, 그 강을 건너지 마오'였다.

아침을 먹고 쉬고 있는데 '카카오톡'이 울었다. 친구들 모임이 있는데 점심 먹고 영화 한 편 보자는 내용이었다. 아차! 오늘 친구들 모임이 있는 날이구나. 왜 이렇게 깜빡깜빡 잘 잊어버리는지 모르겠다. 정말 정신을 바짝 차려야겠다. 남편은 영화는 다음에 보자고 하며 흔쾌히 친구모임에 나가라고 했다. 조금 미안했지만 모임에 나가서 점심을 먹고 친구들과 같이 영화관으로 갔다.

"엉~엉! 어엉~엉!"

영화는 눈이 펄펄 내리는 날 한 할머니가 새로 만들어 풀도 나지 않은 무덤 앞에서 통곡하는 장면으로 시작되었다. 무덤 앞을 차마 떠나지 못하고

"누가 당신을 찾아주겠소? 나밖에 없는데…."

한참이나 통곡을 하더니, 장면은 과거로의 회상이 이어졌다.

어딜 가든 예쁜 한복을 똑같이 차려입고서 두 손을 꼭 잡고 걷는 89세 소녀 감성 강계열 할머니와 98세 로맨티시스트 조병만 할아버지의 이야기였다. 할아버지와 할머니는 봄에는 꽃을 꺾어 서로의 머리에 꽂아주며 예쁘다고 환하게 웃으며 좋아했다. 여름엔 강가에서 서로 물장구를 치며 재미있어했다. 가을에는 할아버지가 낙엽을 던지며 장난을 치면 "왜 이래요?"하면서도 할머니도 같이 낙엽을 던지며 즐거워했다. 겨울에는 신나게 눈싸움을 하고는 할머니가 손이 시리다고 애교를 부리면 할아버지가 손을 꼭 잡고 호호 불어주는 하루하루가 신혼 같은 백발의 잉꼬 노부부다.

장성한 자녀들은 모두 도시로 떠났지만, 강원도 횡성의 아담한 마을에 있는 외딴집에서 할아버지와 할머니는 서로 의지하며 알콩달콩 살아가고 있었다. 그러던 어느 날, 할아버지가 귀여워하던 강아지 '꼬마'가 갑자기 세상을 떠났다. 할머니와 함께 꼬마를 묻고 집으로 돌아온 할아버지의 몸이 눈에 보이게 약해졌다. 일꾼처럼 튼튼하던 할아버지는 점점 기력이 쇠약해지고 밤새 기침에 시달리는 날이 많아졌다. 그리고 할머니는 집 앞의 강가에 멍하니 앉아 강물을 쳐다보는 일이 잦아

졌다. 할아버지와 수시로 건너가고 건너오던 강이었다. 이제는 할아버지가 자신을 홀로 두고 먼저 건너게 될 강이라는 생각에 슬픔이 밀려온다.

"석 달만 더 살아요. 이렇게 석 달만 더 살면 내가 얼마나 반갑겠소. 할아버지와 손을 마주 잡고 그렇게 같이 가면 얼마나 좋겠소."

밖에는 비가 주루 주룩 내리고 점점 더 잦아지는 할아버지의 기침소리를 듣던 할머니는 친구를 잃고 홀로 남은 강아지 공순이를 바라보며 머지않아 다가올 할아버지의 죽음을 예감한다. 할머니는 저세상에 가서 깨끗이 입으라고 할아버지의 옷가지를 꺼내 하나하나 부엌 아궁이에 태우며 이별을 준비한다.

12명의 자식은 모두 집 앞에 있는 그 강을 건너 부모로부터 떠나갔다. 6명은 어려서 요절해서 떠나갔고, 남은 자식 6명은 성장해서 결혼 또는 생업을 위해 떠났다. 할머니의 유일한 동반자인 할아버지마저도 할머니보다 먼저 그 강을 건너 떠나가려고 한다. 여기서 강이란 죽음과 이별을 의미하며 할머니의 마음을 담은 것이라고 한다.

할머니는 먼저 간 어린 자식들에게 따뜻한 내복 한 벌 사 입혀주지 못한 게 마음에 걸렸다. 어린 자식을 먼저 보낸 부모의 애틋한 심정으로 누구든지 먼저 가는 사람이 아이들에게 입혀주자고 아이들의 내복을 사서 준비해놓았다. 할아버지가 먼저 돌아가시자 할아버지의 무덤 앞에서 할아버지의 남은 옷과 새로 사놓은 아이들의 내복을 태운다. 여섯 명의 아이들 이름을 하나하나 부르면서 꼭 만나서 입혀주라고 할아버지에게 부탁한다.

“할아버지, 나 보고 싶더라도 참아야 돼. 나도 할아버지 보고 싶어도 참는 거야!”

그리고 할머니는 통곡한다.

“내가 곧 갈게요. 할아버지가 먼저 가서 정리하고 있어요. 내가 금방 못 가거든 할아버지가 데리러 와요. 데리러 오면 내가 할아버지와 같이 노란 저고리를 입고 새파란 치마를 입고 함께 손잡고 그렇게 갑시다.”

영화는 첫 장면과 같이 할머니가 할아버지의 무덤 앞을 떠나지 못하고 처연하게 통곡하는 장면으로 끝을 맺는다.

76년을 두고두고 보아도 또 보고 싶은, 76 평생을 사랑하고 또 사랑해도 부족한 노부부의 아름다운 사랑과 이별 이야기를 그린 다큐멘터리영화였다. 우리에게 진정한 사랑이 무엇인지를 보여주는 감동의 다큐멘터리였다.

우리가 앞으로 어떻게 사랑하고 어떻게 이별해야 하는지, 참사랑이란 무엇인지를 알려주는 영화였다. 우리를 돌아보게 하고 우리 부모님을 떠올리게 하고 우리 가족을 생각하게 했다. 우리도 이런 아름다운 사랑을 해야 하지 않을까?

할아버지를 떠나보낸 할머니는 홀로 남은 강아지 공순이와 공순이가 낳은 새끼 여섯 마리와 또 매일 매일을 살아가며 할아버지와 다시 만날 날을 기다린다. 사람은 누구나 자기 나름의 방식으로 사랑을 한다. 여러 가지 색깔의 사랑이 있지만, 할아버지와 할머니의 한결같은 사랑은 정말 가슴 따뜻하고 훈훈한 감동을 주었다. 화려하지도 않았고 요란하지도 않았지만, 가장 사실적인 것이 진한 감동으로 다가오는 한 편의 장편 수필 같았다.

우리 부부도 어찌 생각하면 할머니와 할아버지 같이 헤어질 날이 가까워지고 있다. 남편이 먼저 떠날 수도 있고 내가 먼저 떠날 수도 있다. 그동안 우리 부부는 얼마나 사랑하고 살았나, 얼마나 상대방을 이해하고 살았나, 뒤돌아보게 되고 지금부터라도 서로 더 아끼며 사랑하고 살아야겠다는 생각이 들었다. 남편과 같이 보지 못한 게 아쉬웠다.

이 영화는 제작진의 별도 각색이나 연출 없이 1년 3개월 동안 할아버지, 할머니와 함께 생활하며 영화를 찍었다고 한다. 그리고 요즘 영화 한 편에 수십억, 수백억을 투자하는 것과 비교해서 정말 소자본인 1억 2천만 원을 투자한 영화라고 한다. 그런데도 개봉한 지 한 달 만에 벌써 350만 관객을 훨씬 넘었다. 젊은이들의 호응이 높아서 SNS 등 입소문도 한몫 했다는 평가다. 이 영화를 만든 진모영 감독은 이렇게 말했다.

"이 정도는 예상하지 못했는데 모든 연령대의 관객이 공감해주고 있다. 사랑의 본질을 깨닫게 하는 로맨스 영화이기 때문인 것 같다."

"누군가를 사랑하는 사람이라면 꼭 손을 잡고 와서 이 영화를 감상하면 좋겠습니다."

# 내가 간 뒤 한 시간만 있다가 오너라

한 남자가 침대에 누워 있다. 지체장애 1급으로 전혀 거동을 못 하는 62세의 아들이 허리가 굽어서 걷기도 힘들어 보이는 어머니의 도움 없이는 움직이지도 못하고 침대에 누워서 지낸다.

97세의 송국향 할머니는 항상 웃으시면서 13년째 침대에 누워서 지내고 있는 아들을 돌보고 있다. 화사하게 웃으시는 할머니의 표정이 정말 아름다웠다. 장성한 아들을 아기처럼 예쁘다며 쓰다듬고 뽀뽀를 하던 할머니는 갑자기 누워 있는 아들의 뺨을 한 대 찰싹~ 때렸다. 계속 누워있는 아들이 어찌 미울 때가 없었을까? 순간순간 미울 때가 있었으리라.

"내 사랑스러운 아들이니까 내가 돌봐주어야지 누구한테 맡기겠어요, 밉죠, 나가 돌아다니면 얼마나 좋겠어요? 이런 소리 들으면 속상할까 봐서 하지도 못해요."

이 이야기는 '세상에 이런 일이'란 텔레비전 프로그램에 소개되었다. 아들은 뇌성마비로 태어났지만, 거동에는 불편 없이 스스로 여행도 다녔다. 13년 전 막내가 갑자기 죽고 집안이 슬픔에 잠겨 있을 때 이 아들마저 사고를 당해 들것에 실려 왔지만, 바로 병원에 데려가지도 못했다. 그 뒤 아들은 정신은 또렷했지만, 손 하나 까딱하지 못했다. 움직일 수 없는 아들을 '늙은 아기'라 부르며 세수와 면도, 대소변까지 모두 할머니의 몫이었다. 누워있을수록 깨끗해야 추접스럽지 않다며 지극정성으로 닦아준다. 욕창을 방지하기 위해 하루에도 수십 번씩 아들의 자세를 바꿔주고 혈액순환이 잘되라고 몸을 두드려 준다. 그러나 몸을 뒤집는 간단한 일도 꼬부랑 할머니에게는 무척 버겁다. 할머니는 다른 사람에게 맡기면 대충대충 해줄까 봐서 마음이 편하지 않다고 한다.

"아들이니까 힘들지 않아요. 힘들어도 해야지 어떻게 해요? 아주 힘들지 않다고 하는 건 말도 안 되죠."

97세 꼬부랑 할머니는 아들을 위하여 직접 시장을 보고 마치 이유식을 준비하는 엄마의 마음으로 좋은 물건으로만 사고, 고기도 한우만 구매하신다. 13년을 누워서 생활하는 아들의 몸은 욕창 한 군데 안 생기고 깨끗했다. 누워 있는 사람일수록 더 깨끗하게 해야 한다며 아들의 몸을 수시로 닦아주고 1주일에 한 번 목욕 도우미들이 와서 목욕을 시키는 날이면 그 틈을 이용하여 어김없이 혼자서 깨끗한 침대 시트로 갈아준다. 그리고 아들의 때밀이도 직접 하신다. 아들을 위하여 컴퓨터 조작하는 것도 배워서 아들이 듣고 싶다는 노래를 능숙하게 클릭해 준다. 아들도 답답하고 세상 돌아가는 것을 알고 싶을 것이고, 또 알아야 한다며 매일매일 신문을 또박또박 읽어주신다. 군고구마를 좋아한다며 고구마를 구워 먹여주니 뿡~ 하고 아들이 시원한 방귀를 뀌었다. 할머니는 방귀 소리에

"또 나발 분다. 심심할까 봐 위로는 먹고, 밑으로는 피리를 부네!"

하며 환하게 웃으셨다.

아들이 너무 잘 생겨서 웃음이 나온다고 하니까 아들은 어눌한 말투로 자기는 추남이라 가을남자라며 활짝 웃는다. 할머니는 매일 누워만 있는 아들이 안쓰러워 취재진의 도움을 받아 휠체어에 앉혀서 눈 내리는 창밖을 보여준다.

"날 풀리면 너랑 나랑 산책하러 나가서 꽃구경도 하고 돌아다니자."

할머니의 말씀에 아들은 엄마랑 제주도에도 가고 싶다고 했다. 아들은 아직도 같이하고 싶은 것이 많다.

"남 같으면 하루도 못 해요. 내 속으로 낳은 자식이니까 뼈저리게 마음이 아프고 그래서 하는 거죠. 저 아들 때문에 이렇게 정신력으로 버티며 나도 사는 거죠."

이런 엄마에 대한 미안함은 아들을 힘들게도 한다.

"죽지 못해 사는 거죠. 이렇게 살면 뭐 해요? 아무 의미가 없죠. 엄마 때문에 사는 거지만 엄마한테 일만 시키고 이렇게 안 하려고 했는데 이렇게 돼서 정말 미안해요."

몇 시간 전까지만 해도 친구들 모임에서 우리는 이구동성으로 90세 이상 살면 민폐라고 얘기했다. 적당한 나이에 잘 죽어야 한다고 했다. 하지만 죽고 사는 게 마음대로 되는 것은 아니다.

부유한 집안에서 태어났으나 유복했던 어린 시절과는 달리 계속된 불행으로 순탄치 않은 삶을 살아온 송국향 할머니는 아들이 이렇게 된 게 꼭 자신의 탓인 것만 같아 아들을 더욱더 당신의 힘으로 보살피고 싶었다고 한다. 이 이야기를 보는 내내 안타까웠지만, 그 힘든 생활 속에서도 환한 미소로 헌신하는 할머니의 모습은 정말 아름다웠으며 가슴 뭉클한 진한 감동을 자아냈다.

"내가 먼저 가고 아들이 혼자 오래 누워 있을까 봐 걱정이에요. 내가 죽고 딱 한 시간 후에 뒤따라왔으면 좋겠어요."

할머니의 애절하고 간절한 소원은 아들보다 딱 한 시간 먼저 눈을 감는 것이다. 누군가 할머니에게 힘들지 않으냐고 물으면

"이 아들이 있어서 지금까지 97년 세월 동안 힘을 낼 수 있었다."

고 한다. 그리고 아들은 이렇게 말한다.

"내가 죽어야 마땅하지만, 엄마가 있어 살아갈 힘이 납니다."

# 행복한 노후, 황혼로맨스

요즈음 100세 시대에 사별이나 이혼으로 나이 들어 혼자 사는 사람들이 많다 보니 황혼연애도 늘어나는 추세다. 앞으로 살아갈 날은 길지만, 자녀들은 일이 바빠서, 생활이 어려워서 자주 만나지도 못한다. 그래서 요즘은 외로운 황혼을 우울증에 걸리지 않고 즐겁고 건강하게 지내도록 홀로된 노인들을 단체로 만나게 해주는 행사가 진행되기도 한다.

학교에서 만난 커플을 CC라 했다면 요즈음 신조어에는 산악커플을 MC, 복지관 커플을 BC라고 한다. 행복한 노후를 보낼 수 있는 건전한 만남인 '황혼로맨스 성공의 법칙'이 필요하리라 생각하여 TV토론의 주제로 나왔다. 과연 황혼로맨스를 성공하려면 어떻게 해야 할까?

첫째, 데이트 비용은 함께 부담하는 게 좋다. 어쩌다 만나면 한두 번쯤은 한 사람이 부담할 수도 있지만, 자주 만나는 데이트 비용은 부담이 아닐 수 없다. 요즈음 젊은 아이들도 더치페이가 유행이다. 내가 아는 어느 젊은 연인은 한 달에 얼마씩 똑같이 부담하여 공동통장을 만들어 여자가 통장관리를 하며 데이트 비용으로 쓰고 있다.

둘째, 황혼의 연애를 아름답게 하려면 서로 진실해야 한다. 숨김없이 자신을 내보이고 서로를 이해하고 배려하며 지금까지 살아온 인생만큼이나 성숙한 행동을 해야 한다. 양다리를 걸치거나 소문이 나빠지면 복지관이나 모임 등에서 왕따를 당할 수 있고, 더 외로워질 수 있으므로 행실을 단정히 해야 할 것이다.

셋째, 그 사람은 안 그랬는데, 우리 아들은 저러지 않았는데 등 전 배우자와 자녀들을 비교하지 말아야겠다. 자녀들도 우리 엄마는 안 그랬는데, 우리 아빠는 그러지 않았는데 하고 비교하지 말고 부모를 존중해주어야 한다. 사람의 성격이나 생각은 다 각양각색이므로 서로 개성을 인정하고 존중해주어야 한다.

넷째, 사랑은 마음으로 하자. 젊은 연인들의 연애를 부러워하지 않으며, 물질적인 선물만을 바라지 않고 서로의 마음을 나누자. 또한, 돈은 빌리지도 빌려주지도 않는 게 좋다. 가까운 사람끼리는 돈거래가 애써 지켜온 애정관계를 망칠 수 있기 때문이다.

다섯째, 우리 결혼은 언제 해요? 하며 재혼을 재촉하지 말고 강요하지 않는 게 좋다. 자유스러운 만남을 가지면서 서로를 진지하게 알아가는 게 좋다. 그러다가 서로가 진실로 결혼하고 싶어질 때 자연스럽게 결혼으로 이어져야 하지 않을까?

황혼연인 또는 그 자녀들은 서로 마음이 통하는 이성 친구 하나 있었으면 하며, 재혼보다는 연애나 동거를 찬성한다. 굳이 혼인신고를 하지 않아도 돈독하게 가족관계가 유지된다면 얼마나 좋을까? 하지만, 처음에는 동거만으로 충분히 행복할 수 있다고 믿고 서로 응하지만, 시간이 지나면 연애와 같은 상황이 되어 상대에 대한 마음가짐이 달라질 수 있다. 그래서 재혼은 어려운 과정이지만 혼인신고 절차를 밟아 확실하게 해야 좋다는 게 전문가의 조언이다.

부모가 행복하다면 굳이 결혼을 반대하지는 않겠다는 자녀도 있지만, 결혼만큼은 제발 안 했으면 좋겠다는 자녀들이 더 많다. 재혼은 자녀문제, 유산문제 등 많은 문제가 있으므로 시간을 가지고 충분히 서로를 잘 파악하고 해야 한다. 재혼의 70%가 이혼으로 이어지는 추세이기 때문이다.

여섯째, 사랑이 진심이라면 자녀들 눈치 보지 말고 당당히 만나라. 그러나 당당한 만큼 책임도 져야 한다. 재산은 명확하게 하여 문제가 되지 않도록 해두는 게 서로 당당할 수 있다. 자녀에게 미리 재산을 나눠주거나 유언장을 미리 작성해두어 확실하게 해두는 게 좋다.

산악회에서 만난 황혼의 연인이 자녀에게 재혼한다고 하자 자녀들이 반대했다. 이에 자녀들에게 재산상속은 없다고 선언하자 자녀들은 엄마의 몫인 반을 넘겨주라고 했다. 결국, 그들은 재산을 자녀들에게 나눠주고 행복하게 살고 있다.

최근에 90억대의 재산가가 치매에 걸리자 60대 꽃뱀이 병간호를 이유로 접근했다. 치매노인과 자녀를 연락두절 상태로 만들고 혼인신고를 하여 치매노인의 재산을 갈취한 사건이 있었다. 치매 걸리기 전에 자녀들과 소통이 잘 되었거나 그 많은 재산을 자신이 쓸 정도만 남겨 놓고 미리 자녀들에게 나누어 주었다면 이런 큰일은 당하지 않았으리라.

수시로 외국여행을 즐기며 황혼을 즐기던 어느 여성이 황혼로맨스에 빠졌다. 연인이 갑작스러운 위암 판정을 받자 연인의 건강을 위해 같이 공기 좋은 산속으로 들어가 살았다. 이에 딸이 엄마와의 연락을 끊어버렸지만, 그래도 당당하게 사랑을 선택한 진실한 황혼로맨스도 있다.

황혼로맨스에 성공하려면 스스로 준비가 되어 있는지 확인하자. 부모의 입장에서는 자녀의 마음을 이해하고, 자녀의 입장에서는 부모의 행복을 존중하여 서로의 관계를 원만하게 조율해야 한다. 새 인생을 얻는 황혼로맨스에서 잃는 것 없이 모두가 행복하게 사랑하는 사람과 마무리를 잘한다면 그 얼마나 따사로운 황혼이겠는가?

# 시어머니와 며느리

김 여사네 집에 다니러 온 아들이 부엌에서 얼쩡거렸다. 자기 아내가 고생하는 게 안쓰럽고 미안해서였다. 그렇다고 대놓고 도와주기도 어렵다. 엄마의 눈치가 보이기 때문이다. 대부분의 시어머니는 자기 아들이 부엌에 들어오는 걸 싫어한다.

이 여사의 며느리가 시댁에 와서 밥을 먹으려는데 아이가 보챘다. 시어머니가 아이를 봐줄 테니 먼저 먹으라고 하니 느긋한 성격의 며느리는 밥을 먹는데 하 세월이다. 다른 사람들이 모두 식사를 마쳤는데도 아직도 먹고 있다. 다른 사람 같았으면 대충 먹고 빨리 일어나 아이를 받고, 시어머니에게 식사하시라고 했을 것이다. 아들에게 시집와서 알콩달콩 사는 며느리가 시어머니는 참 예쁘지만 느긋한 성격에 눈치도 없는 며느리가 조금은 답답했다.

아직 살림에 익숙하지 않은 박 여사의 며느리는 한 번에 여러 가지를 못한다. 시어머니가 이것저것 할 일을 늘어놓은 걸 보고는 금방 머리가 아프다고 한다. 시어머니가 그냥 들어가 쉬라고 하자 기다렸다는 듯 바로 들어간다. 시어머니는 며느리가 직장에 다닌다고, 일이 서툴다고 일을 시키기 부담스럽다. 몸이 편찮은 시어머니는 부엌에서 일하는데 며느리가 보이지 않자 시아버지가 은근히 마누라에게 눈치를 한다.

"며느리 버릇 그렇게 들이지 마오. 나 먼저 죽으면 어디 시어머니 대접받고 살겠소? 당신 스스로 챙겨요"

깔끔한 최 여사는 직장에 다니랴, 익숙하지 않은 살림 하랴, 아이 키우랴, 제대로 집안 정리를 못 하고 사는 며느리 집에 가서 대청소라도 해주고 싶지만, 그건 며느리가 싫어할 일이다. 딸 같으면 환영할 일이지만 며느리는 다르다. 시어머니도 마찬가지다. 당연히 딸은 괜찮은 것도 며느리에게는 용납이 안 되는 것이 있다. 왜 그럴까?

열 번 잘하다가 한 번 잘못하면 그 한 번이 크게 느껴진다. 아무래도 같이 살면 잘못이 바로 보이기 때문에 서운한 감정이나 미운 감정이 쌓일 수밖에 없다. 그래도 요즈음 며느리는 대부분 분가해서 살기 때문에 고부간의 갈등이 덜한 편이다.

가족의 불협화음은 어쩔 수 없는 게 현실이다. 가장 가까이서 마주치기 때문이다. 고부간이 아니더라도 가족은 같이 생활하기 때문에 서로 부딪히고 긁히고 더 아파한다. 멀리 있으면 부딪칠 일도 긁힐 일도 적지만, 비록 같이 살지 않아도 힘들 때나 외로울 때, 아플 때 보고 싶고 기대고 싶은 사람이 가족이다. 세상을 살아갈 때 가장 그리운 대상이 가족이다. 그렇기 때문에 상처 또한 가족 간의 상처가 심각하고 오래 갈 수 있다. 남이야 보지 않으면 되지만, 가족은 어떤 상황에서건 부딪히지 않을 수 없으므로 서로 아끼고 사랑으로 보듬어야 한다.

'어쨌든 시어머니는 시어머니고 며느리는 며느리다.'라는 말이 있지만, 그래도 이제 시어머니와 며느리는 고와도 미워도 가족이다. 그리고 그 사이에 내 아이보다도 더 예쁜 손주가 있지 않은가? 시어머니는 며느리를 보며 딸을 생각하고, 며느리는 시어머니를 보고 친정엄마를 생각하면 이해가 되고 차츰차츰 정이 들지 않을까?

# 서비스 정신은 어디로 갔을까

요즈음은 하는 일이 없어도 시간이 참 빨리 간다. 아니 하는 일이 없는 게 아니라 해야 할 일, 하고 싶은 일이 너무 많아서 시간에 쫓기고 있다. 핸드폰이나 텔레비전, 각종 취미생활 등 무료하게 보내지 않아도 될 즐길 거리가 참 많아서일지도 모른다. 바쁜 현대인들은 그래서 음식을 만드는 시간도 아깝고 귀찮아서 외식업이 급격하게 발달하고 있다. 외식업은 경쟁도 치열하여 음식의 맛은 필수지만, 그에 알맞은 서비스 정신도 중요하다.

3월의 어느 날, 큰딸이 광주광역시에 볼일이 있어서 차를 몰고 내려가야 한다기에 나는 아들과 같이 가기로 했다. 장시간 차를 운전해야 하는 딸과 아들이 차를 교대로 운전하고 말동무도 하면서 여행하는 기분으로 출발했다. 남양주에서 출발하여 가까운 휴게소에 들러 커피와 간식거리를 사서 차 안에서 먹으면서 앞으로 진행해야 할 일에 대해 많은 이야기를 나누고, 정담도 나누면서 지루하지 않게 4시간을 길에 뿌리며 광주에 도착했다.

딸을 출장 장소에 내려주고 나와 아들은 전기차충전소에 충전기를 꽂아 놓고 근처에 있는 광주천변을 산책했다. 요즘은 대부분의 도시가 도심을 가로지르는 천변을 잘 정비하여 산책하는 즐거움이 크다. 봄이 무르익어 나뭇잎들이 돋아나오면 더 아름다웠을 천변이었지만 그래도 사철 푸른 나무와 부지런한 산수화, 목련 등이 심심하지 않게 반겨주었다.

점심이 되어 인터넷을 검색하다 발견한 광주시내에 있는 40년 전통의 음식점에 갔다. 골목의 허름한 음식점이었지만, 11시 조금 넘어 들어간 음식점 안에는 어느새 손님이 꽤 있었다. 자리를 잡고 메뉴판을 보니 육회비빔밥이 보통은 오천 원, 특이 만 원이었다.

우리는 어떻게 다른가 보려고 보통 하나, 특 하나로 시켰더니 주인아주머니가 고기가 모자라니 보통으로 통일하란다. 다음 순서는 어디냐고 묻는 주인에게 종업원이 "저쪽 테이블에 하나요"라고 하니 주인은 "하나는 나중에 주고 여기 두 개 먼저 내줘. 혼자 오려면 느지감치 올 것이지 왜 이렇게 빨리 왔어." 하며 구시렁거렸다.

노인 4명이 식당에 들어서자 주인이 말했다. "밥은 없고 고기 밖에 없어요." 그러자 노인들은 "밥이 벌써 떨어지고 없어요?" 하며 서운한 표정으로 되돌아나갔다. 연이어 젊은이 세 명이 오자 주인은 바로 자리를 안내하고 비빔밥 주문을 받는다. 그 뒤에도 계속 손님이 들어와서

비빔밥을 주문하는데 이게 무슨 상황이지, 왜 노인들은 내보내고 다른 사람들은 받지?

가만히 생각해보니 노인들은 먹는 속도가 느리니 그냥 보낸 것 같았다. 갑자기 맛있게 먹던 밥맛이 없어졌다. 육회비빔밥이 5천 원이라서 손님이 항상 많은지 모르겠지만, 이제 겨우 12시도 안 되어 자리가 없는 것도 아니었다. 주인아주머니도 노인이었는데 이건 아주 배짱 장사였다.

뭔가 못 올 곳에 온 것처럼 기분이 나빠서 한마디 하고 싶었다. 이걸 한마디 해야 하나 말아야 하나 고민하다 식당 안이 바쁜 데다 손님들이 식사하는 시간이라 꾹 참았다. 아무리 값이 싸고 맛있어도 다시는 가고 싶지 않은 식당이었다.

전주에서 사는 나는 젊었을 때 전주보다 더 큰 이웃 도시인 광주에 많이 놀러 다녔었다. 광주에 지인도 있고 해서 참 좋아했는데 정말 오랜만에 찾은 광주의 한 식당이 광주에 대한 좋은 이미지를 희석해버렸다.

요즘같이 요식업 경쟁이 치열한 시대에 이 조그만 식당이 버티고 있는 것은 값이 싸고 맛이 괜찮아서 일게다. 여기에 서비스 정신까지는 바라지 않지만, 적어도 주인인 본인도 노인이면서 노인을 대하는 태도나, 혼밥시대에 혼자 왔다고 대놓고 홀대하는 태도며 메뉴를 통일하라는 명령조의 태도는 어떻게 생각해야 할까, 이 식당의 서비스 정신은 어디로 갔을까?

단출한 두 식구에 남편은 밖에서 먹는 경우가 많고 집에서 식사하는 기회가 적다 보니 오히려 반찬 만들기가 귀찮아 나는 가끔 반찬가게에서 반찬을 사서 먹기도 한다. 우리 집 근처에 있는 반찬가게 주인은 원래 말투가 그러는지 말하는 게 참 투박스럽게 들린다. 오전 10시쯤 반찬가게에 들렀다. 반찬가게 주인에게 혼자서 여러 가지 반찬을 만드느라 참 힘드시겠다고 하니까 바로 나오는 대답이 그래서 나는 오전에는 반찬을 준비해야 해서 아침 일찍 오는 손님을 싫어한다고 했다. 마치 내가 일찍 온 것이 못마땅하다는 뜻으로 들렸다.

딸에게도 보내주려고 김치를 사려고 하니 조금밖에 남지 않아 좀 모자랐다. 주인은 많이 사려면 미리 전화라도 주어야지 이렇게 갑자기 와서 그러면 곤란하다고 퉁명스럽게 말했다. 동네 다른 반찬가게에서는 현금으로 사면 좀 싸게 주는데 여기는 그런 거 없어요? 하니까 우리는 안 팔고 말지 그런 것 없어. 하는 말마다 참 거칠어서. 불친절하게 느껴졌다.

왜 갈 때마다 하는 말이 이렇게 신경에 거슬리지? 가지 않으면 되겠지만 조금 부드럽고 친절하게 말하면 좋겠다. 집에서 가까워 간혹 찾게 되는 이 반찬가게의 서비스 정신은 어디로 갔을까?

# 지독한 사랑

## —『폭풍의 언덕』을 읽고

싱그러운 5월의 주말, 나는 타성에 젖어 하릴없이 TV 드라마에 빠져 있다. 벌써 몇 년째인지 모르겠다. 퇴근 후 또는 주말에 집에 있으면 귀찮아서 아무것도 할 의욕이 나지 않고, 푹신한 소파에 앉아 티브이 리모컨을 이리저리 눌러대며 시간을 보낸다. 몇 달째 이 버릇을 고쳐보겠다고 마음먹었지만, 집에만 들어오면 물거품이 되고 다시 리모컨을 손에 쥔다.

장을 보러 가는 것도 귀찮아서 동네슈퍼에 배달시키곤 한다. 누가 전화로 불러내도 나가기가 귀찮아지는 이러한 감정이 바로 우울증이 아닐까? 정말 이래선 안 되겠다 싶어서 오늘은 마음을 추스르고, TV를 끄고, 책이라도 읽어보려고 책꽂이를 쭉 훑어보았다.『폭풍의 언덕』이란 책에 눈이 멈췄다.

고등학교 시절 대학에 보내줄 수 없다는 부모님의 말씀에 공부에는 차츰 흥미를 잃었고, 학교도서관에서 일하는 언니와 친하게 되었다. 그 무렵 독서에 흥미를 느끼고 많은 책을 읽었는데 그중에 인상 깊은 책 중의 하나가 영국 작가 에밀리 브론테의 유일한 작품이자 유작인 『폭풍의 언덕』이었다.

『폭풍의 언덕』은 1801년 런던의 도시 생활에 염증을 느낀 로크우드라는 사람이 시러스크로스 저택에 세 들어오고, 그 집의 가정부 엘린 딘이 들려주는 이야기를 통하여 30년 전으로 거슬러 올라간다.

어느 날 워서링 하이츠(폭풍의 언덕)의 주인인 언쇼가 여행길에 만난 불쌍한 집시 아이 히스클리프를 집에 데리고 온다. 언쇼의 아들 힌들리는 아버지의 사랑을 받는 히스클리프를 미워하면서 서로 증오하게 되지만, 딸 캐서린은 운명처럼 히스클리프와 사랑에 빠진다. 그리고 히스클리프와 시러스크로스 저택의 에드거 린튼, 두 청년이 언쇼의 딸 캐서린 사이에 갈등이 일어나면서 폭풍의 언덕에 폭풍우가 몰아치며 이 비극적이고 지독한 사랑 이야기는 시작된다.

히스클리프가 워서링 하이츠에 들어오고 2년 후 언쇼가 죽자 집을 떠나 대학에 다니던 아들 힌들리가 갑자기 부인을 데리고 나타나 워서링 하이츠의 주인이 된다.

"우리의 영혼이 무엇으로 되어 있든 히스클리프의 영혼과 내 영혼은 같은 것이야. 에드거 린튼의 영혼은 달빛과 번개가 다르듯, 서리와 불이 다르듯 나와는 달라. 하지만 난 에드거에게 결혼한다고 말했어. 힌들리 오빠가 히스클리프를 저렇게 천한인간으로 만들지 않았던들 내가 에드거와 결혼하는 일 따윈 생각지도 않았을 거야. 히스클리프와 결혼한다면 격이 떨어지겠지. 그러나 내가 에드거와 결혼하면 히스클리프의 출세를 도와서 오빠의 손아귀에서 벗어나게 할 수가 있어."

캐서린이 가정부에게 하는 말을 우연히 엿듣고 상심한 히스클리프는 워서링 하이츠를 떠나 3년 동안이나 소식이 없었고, 에드거 린튼은 사랑에 눈이 멀어 캐서린과 결혼한다.

히스클리프가 돈 많은 신사가 되어 거만하게 워서링 하이츠에 돌아왔다. 히스클리프는 복수의 화신이 되어 에드거 린튼의 여동생 이사벨라와 결혼하지만, 오직 캐서린만을 생각하며 이사벨라를 학대했다. 그리고 에드거 몰래 시러스 크로스에 찾아온 히스클리프와 캐서린은 격렬하게 서로의 사랑을 확인한다. 그러나 열병으로 몸이 허약해진 캐서린은 에드거의 극진한 보살핌도 잠시 딸 캐시를 낳고 의식을 회복하지 못한 채 세상을 떠난다. 캐서린의 장례식이 끝나자 그동안 화창했던 날씨는 사라지고 폭풍우가 몰아쳤다.

힌들리는 캐서린이 죽고 반년도 안 되어 빚만 남기고 세상을 떠났고,

히스클리프가 힌들리의 재산을 차지하며 워서링 하이츠의 주인이 되었다. 히스클리프는 어렸을 적 이곳에 왔을 때부터 힌들리가 자기를 학대하였듯이 그의 아들 헤어튼을 학대했다. 히스클리프는 시러스크러스 저택을 차지하기 위하여 자기 아들 린튼과 캐서린의 딸 캐시를 강제로 결혼시켰으나 병약한 린튼도 얼마 지나지 않아 죽었다.

헤어튼과 캐시는 결국 사랑하게 되고 그 모습을 지켜보는 히스클리프는 더는 그들의 사랑을 방해하지 못했다. 히스클리프는 자신을 스스로 학대하며 이 세상을 떠남으로써 그동안의 비극적인 애증에 종지부를 찍는다. 죽어서라도 캐서린과 같이 있고 싶어 하던 히스클리프의 소원은 이루어졌다.

포근한 하늘 아래 캐서린 언쇼와 히스클리프, 에드거 린튼, 세 개의 비석이 나란히서 있는 폭풍의 언덕에는 히스와 초롱꽃이 만발한 사이로 나방들이 날아다니고 풀밭 위로 부드러운 바람이 불어온다.

워서링 하이츠와 시러스크로스 저택의 비극은 막을 내리고 이제 진짜 주인인 헤어튼과 캐시, 그리고 오랜 가문이 그들의 권리를 되찾게 된다.

사람이란 감정의 동물이어서 격정에 휘말리면 그때는 알지 못한다. 시간이 지나고 멀찍이 떨어져서 바라보노라면 문득 깨달아지는 게 인생인 것을 우리가 그것을 알 때는 이미 늦을 때가 많다. 사랑과 미움 사이에서 서로를 학대하고 집착으로 서로를 지옥으로 내모는 것을 우리는 사랑이라 착각한다.

청춘에 이 책을 읽었을 때는 이 지독한 사랑에 초점이 맞춰지며 캐서린이 잠든 폭풍의 언덕에서 서성이는 히스클리프의 환영이 깊게 남아 연민을 느꼈던 것 같다. 그러나 지금에 이르러 이 책을 읽고 느끼는 것은 애증을 키우며 피폐해진 삶과 죽음을 넘나드는 영원에로의 사랑이 무슨 의미가 있을까, 회의가 밀려오는 것은 왜일까?

# 책에서 재미를 찾다

나는 텔레비전 리모컨 조종사다. 집에 들어오자마자 옷도 갈아입기 전에 리모컨부터 조종하고 볼거리가 있는가를 확인한다. 내가 좋아하는 프로그램을 방영하고 있으면 옷도 갈아입지 않고 시청한다. 아니면 빨리 옷을 갈아입고 나와서 무엇을 시청할 것인가? 더 세세하게 살핀다. 요즘은 텔레비전 채널이 많아서 볼거리가 참 많다. 드라마는 물론이고 다양한 뉴스 채널과 정치 이야기, 연예계 이야기, 요리 이야기, 건강 이야기, 개그 코너 등 리모컨을 잡으면 손에서 놓기가 쉽지 않다.

내가 퇴직하고 집에서 텔레비전 보는 시간이 더 많아지자 남편은 나의 이런 모습이 안타까운 눈초리다. 남편이 시청을 줄여보라고 충고를 하면 나는 나의 유일한 취미이자 스트레스 해소의 일등 공신을 말리지 마라며 큰소리치곤 했다. 나는 텔레비전을 보면서 조금만 재미있어도 하하하~ 큰소리로 웃고, 슬프면 눈물, 콧물 흘리며 엉엉 울기도 한다. 운동경기를 보면서 소리 지르며 손뼉 치고, 아름다운 모습을 보면 가슴이 뭉클하게 감동한다. 내가 생각해도 이건 중독이다 싶어 나 자신도 시청을 줄여보려고 다짐하지만, 집에 들어오면 나도 모르게 또 텔레비전에 빠져버리곤 한다.

사람 만나는 것을 좋아하는 남편은 술을 좋아했다. 술에 취해 집에 들어오는 날이 잦았던 남편의 모습을 30여 년 보고 살았던 나는 술에 취해 있는 사람을 보면 그 사람에 대한 호감도는 곤두박질친다. 술을 좋아해서 집에 있는 시간이 적었던 남편이 책을 읽는 모습은 상상이 되지 않았다. 그런데 1년 전 남편은 지인이 독서모임에서 같이 활동하자고 한다며 독서모임에 나가본다고 했다. 나는 남편이 그 모임을 지속할 수 있을까 반신반의했다. 텔레비전에 빠져 사는 나도 가끔은 책을 읽었지만, 남편이 교양도서를 보는 모습은 상상이 되지 않았다. 그러나 남편은 독서모임을 하는 1년여 동안 거의 100여 권의 책을 읽었다. 당연히 술 먹는 횟수와 시간이 줄어들 수밖에 없었고, 집에 와서 책을 읽어야 하니까 술을 마셔도 조금만 마시고 취한 채 귀가하는 일이 거의 없어졌다.

어느 날 남편은 집에서 가까운 아중도서관에서 '북토론코칭' 프로그램이 있으니 같이 참석하지 않겠느냐며 나에게 권했다. 마침 나도 텔레비전 시청을 줄이고 책을 읽어야겠다는 생각만 하고 차일피일 미루던 참이어서 좋은 기회라 생각하고 참여하겠다고 했다. 남편의 권유와 나의 흥미가 맞아떨어진 것이다.

집 안 청소 도중 우연히 책꽂이에서 구본준·김미영이 지은 「서른 살 직장인 책 읽기를 배우다」라는 책이 내 눈에 띄었다. 마침 북토론코칭 강의를 듣기로 신청해 놓은 터라 구미가 당겼다. 그래서 읽기 시작했는데 독서가 얼마나 중요한가에 대해 책쟁이들의 귀중한 경험을 인터뷰한 내용을 생생하게 들려주었다.

그들은 책을 왜 읽었는가, 어떻게 읽었는가, 책 읽기를 통해 무엇을 얻었는가 등을 세세하게 알려주었다. 그들은 책 읽기를 통해 업무능력과 글쓰기 능력향상 등의 자기계발 효과를 실감했다고 토로했다. 또한, 휴식과 자아발견, 마음의 위안을 얻었다고 했다. 책 읽기를 배워야만 하는 이유를 말하고 있었다.

'독서를 통해 남의 삶과 생각을 읽고 남과 내 생각을 비교하면서 나 자신을 알게 된다. 이 자기발견을 통해서 나 자신을 경영해야 한다. 자고 일어나면 새로운 지식이 등장하는 지식사회에서 생존하기 위하여 책을 통해서 자기 자신을 업그레이드해야 한다. 독서의 최고 매력이자 장점은 공부하면서 동시에 휴식도 된다는 점이다. 시험 스트레스도 없는 공부의 매력에 빠져 희열을 느껴볼 수 있다. 책을 통한 간접경험으로 직접경험의 어려움과 시간과의 전쟁에서 자신만의 경쟁력을 다질 수 있다. 두뇌를 유연하게 만드는 소설은 이야기 속에서 인간관계에 대해 생각해보게 하고, 자신의 태도와 소통방식, 대처습관에 대해 깊이 고민하게 된다.'

‘독서가 주는 최고의 선물은 겸손이다. 읽는 이에게 여러 가지 미묘하고도 새로운 변화를 가져다준다. 자신이 알지 못했던 이야기, 지식, 관점을 접하면서 자신의 인식과 지식이 좁고 작다는 것을 알게 되고 시야가 넓어지면서 겸손을 배운다. 그러면서 여유가 생기고 나를 긍정하게 된다. 지식이나 책을 나눔으로써 빡빡한 삶 속에서 자신을 돌아보고 남들에게 도움이 되는 존재가 되는 방법이 독서다. 책을 읽으면서 강화된 언어 감각이 사회생활을 하면서 부딪치게 되는 소통기술을 다듬어주어 인간관계를 넓혀준다.’

‘책 읽기 역시 하나의 습관이다. 습관을 들이기가 어렵지만, 빠듯하고 반복되는 지루한 생활 속에서 가장 쉽게 정신적인 재미와 즐거움을 얻을 수 있는 습관이기 때문에 한 번 빠져들면 그 어떤 나쁜 습관보다도 중독성이 강하다. 독서를 하면서 집중도가 높아지고 생활의 밀도가 촘촘해져 생활에 여유가 생긴다.’

독서쟁이들은 우리에게 이렇게 메시지를 전한다.

삶을 새롭게 시작하고 싶다면 책부터 읽어라. 독서는 생활의 모든 것을 새로 만들어주는 마법의 프로그램이다. 한 번 설치하면 자동으로 작동해 생활의 운영체계를 바꾼다.

나는 이 책을 다 읽기도 전에 벌써 다른 책을 읽고 싶다는 갈망이 앞섰다. 읽고 싶은 책, 읽어야 할 책들이 차곡차곡 내 메모지에 쌓여갔다. 아마 읽고 싶은 책은 앞으로도 계속 늘어만 가겠지, 이 많은 책을 언제 다 읽지? 당분간은 순간순간 텔레비전 시청과 책 읽기 사이에서 많은 갈등을 겪으리라. 하지만 나는 텔레비전 중독을 치료하고 내가 읽고 싶은 책을 보는 독서중독자가 되려고 노력해보리라.

한 권의 책이 이렇게 사람을 변화시킬 수도 있다니, 어서 빨리 많은 책을 읽고 싶은 생각에 가슴이 새롭게 흥분되고, 나는 어느새 책꽂이에서 론다 번 작가의 「시크릿(비밀)」을 꺼내어 읽기 시작했다.

# 무엇이 내 가슴을 뛰게 하는가

한여름 폭염주의보가 발령되었음에도 전주시청 강당은 초만원이었다. 바람의 딸, 세계난민구호팀장, 세계시민학교장, 한비야 작가의 강의를 듣기 위해 10대에서 80대까지 여러 계층의 연령대가 모여들었다.

10대의 한 소녀는 혼자 강의를 들으러 왔다고 했다. 한비야 강사는 그 소녀에게 앞으로 '뭐가 되어도 될 아이'라고 칭찬해주었다. 듣고 싶은 강의를 용감하게 혼자 들으러 온 그 아이의 열정에 박수를 보냈다. 학업과 취업에 바쁜 2~30대도 있었고, 육아와 살림에 바쁜 3~40대도 있었다. 평생교육에 목마른 5~60대는 더 많았다. 그리고 아직도 배우고 싶은 7~80대 어르신도 많았다.

한비야의 부모는 자녀들이 아주 작은 대한민국에만 머물지 않고 넓은 세계를 동경하며 꿈을 키워나가기를 바라며 세계지도를 집안 곳곳에 붙여 놓았다고 한다. 그런 부모의 영향으로 한비야는 어렸을 때부터 세계를 꿈꾸기 시작했다. 어느 날 세계지도를 바라보다 많은 나라가 육로로 연결되었다는 것을 느끼는 순간 자연스럽게 세계를 걸어서 여행하는 꿈을 꾸기 시작했다. 33세 때 드디어 다니던 직장을 정리하고 세계여행을 시작한 한비야는 어느새 지구를 걸어서 세 바퀴 반이나 도는 바람의 딸이 되었다. 6년을 주로 오지로 걷고 걸어서 세계를 누비고 다녔다.

우리나라의 독재시절, 기자로서 날카로운 비판을 하셨던 한비야의 아버지는 정치적 탄압의 영향으로 일찍 하늘나라로 가셨지만, 한비야는 아버지로부터 말발과 글발, 가슴속의 세계지도를 유산으로 물려받았다고 했다. 강의 시간에 PPT를 사용하면 청중의 시선이 흐트러진다며 오로지 강의에 열중하기를 바라는 한비야 강사는 일부러 PPT도 사용하지 않는다고 했다. 그리고 정확한 발음과 빠르고 큰소리로 2시간 강의를 쉬지 않고 계속하는 열정을 보였다. 강의 내용은 첫째, '무엇이 내 가슴을 뛰게 하는가?' 둘째, '눈 딱 감고 한 발짝만 앞으로 서'였다.

세계여행에서 돌아와 고국에 있던 한비야는 어느 날 월드비전으로부터 세계난민긴급구호활동에 동참할 것을 제안받았다. 세계를 누비면서 마주하게 된 난민들 생각에 한비야는 망설임 없이 난민긴급구호에 앞장섰다. 세계의 모든 어린이에게 풍성한 삶을 주기 위하여 난민긴급구호 팀장으로 다시 세계 곳곳에 있는 재난현장을 누볐다.

'전쟁터의 아이들, 3초에 1명씩 죽어가는 아이들이 있다. 먹을 것이 없어서 영양실조에 면역력이 떨어진 아이들은 설사, 말라리아, 홍역, 기관지염으로 인한 폐렴 등으로 죽어가고 있다. 이 아이들의 대부분은 식량, 약 등 1달러로도 고칠 수 있는 병이다. 물, 식량, 보건의료, 피난처, 보호가 절실히 필요한 아이들이다.'

이렇게 죽어가는 아이와 살릴 수 있는 기부자를 연결해주는 일을 생각할 때마다 한비야는 가슴이 뛴다고 했다. 때로는 육체적 어려움과 정신적 괴로움도 많았지만, 가슴을 뛰게 하는 그 기쁨으로 구호활동을 계속할 수 있었다고 했다.

과연 내 가슴을 뛰게 하는 것은 무엇일까? 정년퇴직을 몇 년 앞두고 퇴직 후에는 무엇을 하고 살 것인가, 고민하지 않을 수 없었다. 나 같은 간호사들은 퇴직 후에도 맘만 먹으면 일을 계속할 수 있다. 하지만, 시간의 제약을 받는 일에서 벗어나고 싶었다. 그동안 40년 가까이 직장생활과 자녀 4명의 양육을 책임지고 가정살림 또한 전적으로 도맡아 하며 슈퍼우먼 행세를 하느라 정작 내 가슴 뛰는 삶을 살지 못했다. 시간과 경제적 제약으로 취미생활은커녕 나 자신의 건강을 위한 운동 하나도 제대로 할 수 없었다. 게으른 핑계 같기도 하지만, 바보같이 산 것 같아 한편으로는 억울하기까지 했다. 그래서 퇴직 후에는 그동안 가족을 위해 열심히 일했던 나 자신을 스스로 위로하고 나에게 보상하며 나를 위해 살고 싶었다.

퇴직하고 제일 먼저 한 일이 건강을 지키기 위한 운동이었다. 주민센터 복지프로그램인 라인댄스에 합류했다. 내가 몸치가 아니라는 것도 알게 되었고 라인댄스는 한동안 내 가슴을 뛰게 했다. 그리고 젊은 시절부터 하고 싶었던 탁구도 시작했다. 구슬땀을 흘리며 치는 탁구에서 처음에는 배우느라 약간의 스트레스도 받았다. 하지만, 운동신경이 그다지 둔하지 않은 나는 곧 적응했다. 이제 제법 사람들과 어울려 복식게임도 하면서 즐기게 되었다. 게임을 하면서 멋지게 치는 공에 나이스를 외쳤고, 힘껏 자신 있게 허공에 내지른 자세로 헛손질을 할 때는 모두 배꼽을 쥐고 웃었다. 하루에도 몇 번씩 소리 내어 웃게 하는 탁구장에 나가지 못하면 허전했고, 탁구를 생각하면 또 가슴이 뛰기 시작했다.

"눈 딱 감고 한 걸음 앞으로 서"

한비야 강사의 말처럼 퇴직 후 용기 있게 나를 위해 한 걸음씩 내딛고 있다. 언제부터인가 목 상태가 좋지 않더니 조금만 무리해도 목소리가 투박해지길 반복했다. 노래를 멀리하고 살기를 10여 년이 지났고, 또 나이가 늘어갈수록 음치, 박치가 되어 가고 있는 걸 느낀다. 그래서 노래에 자신은 없지만 여고동문이 모여 창단한 합창단에 눈 딱 감고 한 걸음 앞으로 나섰다. 꿈 많던 여고시절의 동료, 선후배들과 일주일에 한 번씩 만나 정답게 입을 맞춰 노래를 부르는 것도 참 좋다. 합창단이 어느 정도 수준에 이르면 외롭고 어려운 이웃을 위한 봉사에도 한 걸음 나아가 그들을 위로하고 나 또한 가슴을 뛰게 하는 감동을 받고 싶다.

퇴직하면 책을 많이 읽고 글을 쓰겠다는 다짐은 2년이 지나도록 지지부진했다. 글을 써야겠다는 마음과는 달리 행동으로 이어지기 힘들기에 수필 과정을 수강하며 글을 쓰려고 노력하고 있다. 또 글을 잘 쓰기 위해 책 읽기에도 습관을 들여야겠다는 마음으로 전주시립도서관에서 주관하는 '전주시민대학 독서지도' 프로그램에 참여하고 있다. 손글씨 쓰기를 정말 싫어하던 나였지만 독서토론 동호인들과 '100일 필사 프로젝트'에도 합류했다.

한비야 작가처럼 여행을 좋아하고 기행수필에 관심이 많은 나는 조금씩이라도 매일매일 김훈의 『자전거 여행』을 필사하고 있다. 두꺼운 노트가 한 장 한 장 채워지며 한 권의 책이 되어가는 과정을 보면서 가슴이 뿌듯해진다. 책을 필사하면서 다시 읽게 되니 책을 더욱 이해하게 된다.

이제 한 발짝 앞으로 나아갔으니 이것들을 밑바탕으로 여울지기 시작하면 감성 충만한 나의 글을 쓰면서도 가슴 뛸 날이 머지않아 찾아오리라 기대해본다.

**최은우** 수필집

# 이제는
# 나를 위해 살기로 했다

**인쇄** 2021년 10월 8일
**발행** 2021년 10월 14일

**지은이** 최은우
**발행인** 서정환
**펴낸곳** 신아출판사
**주소** 전북 전주시 완산구 공북1길 16(태평동 251-30)
**전화** (063) 275-4000
**팩스** (063) 274-3131
**이메일** sina321@hanmail.net
**출판등록** 제465-1984-00004호
**인쇄 · 제본** 신아문예사

ISBN 979-11-5605-968-4 03800

값 14,000원